Pflanzenzauber
Kreative Ideen
für die kalte Jahreszeit

Pflanzenzauber

Kreative Ideen für die kalte Jahreszeit

EMMA HARDY

Redaktion Gillian Haslam
Projektleitung Penny Craig
Redaktionsleitung Cindy Richards
Gestaltung und Satz Luano Gobbo, Fahema Khanam
Herstellung David Hearn
Fotos Debbie Patterson
Styling Emma Hardy
Art Director Sally Powell

Für die deutsche Ausgabe:
Programmleitung Monika Schlitzer
Redaktionsleitung Caren Hummel
Projektbetreuung Manuela Stern
Herstellungsleitung Dorothee Whittaker
Herstellungskoordination Katharina Schäfer
Herstellung Katrin Uplegger, Sophie Schiela

First published in 2015
under the title: The Winter Garden
by CICO Books, an imprint of Ryland Peters & Small Ltd
20-21 Jockey's Fields
London WC1R 4BW

Text © Emma Hardy 2015
Design and photography © CICO Books 2015
Alle Rechte vorbehalten

© der deutschsprachigen Ausgabe by Dorling Kindersley
Verlag GmbH, München, 2016
Ein Unternehmen der Penguin Random House Group
Alle deutschsprachigen Rechte vorbehalten

Jegliche – auch auszugsweise – Verwertung, Wiedergabe, Vervielfältigung oder Speicherung, ob elektronisch, mechanisch, durch Fotokopie oder Aufzeichnung, bedarf der vorherigen schriftlichen Genehmigung durch den Verlag.

Übersetzung Reinhard Ferstl
Lektorat Christine Ritter

ISBN 978-3-8310-3142-9

Druck und Bindung in China

Besuchen Sie uns im Internet
www.dorlingkindersley.de

Hinweis
Die Informationen und Ratschläge in diesem Buch sind von der Autorin und vom Verlag sorgfältig erwogen und geprüft, dennoch kann eine Garantie nicht übernommen werden

Inhalt

Einführung 6
Grundlagen 8
Pflanzen für den Winter 12

Kapitel 1
Triebe und Blätter 14

Super-Sukkulenten 16
Hängender Garten 20
Farnfamilie 22
Kiste mit Gras 26
Tischtrog 30
Skimmie in Stein 34
Kranz aus Sukkulenten 38
Hängende Heucherella 42
Einen Zierbaum unterpflanzen 46
Dekorativer Zierkohl 48
Clematis und Palmkätzchen 52
Koniferenwäldchen 56

Kapitel 2
Zwiebelblumen 60

Ein Glas Hyazinthen 62
Narzissen in der Schale 66
Silbergrau und Lindgrün 68
Amaryllis im Topf 72
Blumen in Metallformen 76
Schneeglöckchen-Terrine 78
Boten des Frühlings 80

Kapitel 3
Farbe im Winter 84

Beerenauslese 86
Fenster-Stiefmütterchen 90
O Kannentraum 94
Terrarium im Krug 98
Weißer Wintertraum 102
Alpenveilchen in der Form 104
Ein Hauch von Pink und Grün 108
Weihnachtlicher Stern 112
Kühler Kasten 114
Schwarz-Grün-Gold 116
Emaille-Turm 120
Torwächter 124

Kapitel 4
Winterernte 126

Mangold und Ampfer 128
Kräuter in der Schale 130
Kohl und Kräuter 134
Immergrüner Lorbeer 136
Wintersalat 140

Register 142
Bezugsquellen und Dank 144

Einführung

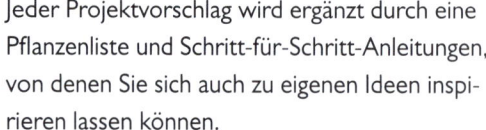

Hand aufs Herz: Im Winter sehen Gärten manchmal recht vernachlässigt aus. Dabei gibt es so viele Pflanzen, die auch in der kalten Jahreszeit etwas hermachen, dass es eine Schande wäre, würde man seinen grünen Lebensraum nicht mit ihnen etwas aufwerten. Gerade mit Pflanzgefäßen kann man leicht Wirkung erzielen. Wenn im winterlichen Grau Blüten Mangelware sind, kommen der Form, Textur und dem Laub umso mehr Bedeutung zu. So sehr ich Frühjahrs- und Sommerblumen für ihre Farben und Düfte schätze, so haben doch auch Winterschönheiten ihren ganz eigenen Reiz.

Sie finden in diesem Buch deshalb eine Vielzahl von Topfarrangements, mit denen Sie »Freiluftzimmer« aufpeppen können – angefangen von farbenfrohen Beeren im alten Zinkeimer über elegante Gräser im Metallkasten bis hin zu reizenden Veilchen, Narzissen und Efeu in aufeinandergestapelten Emailletöpfen. Pflanzgefäße für drinnen sind im Winter sogar ein Muss: Mit Weihnachtssternen in einer Gruppe, Amaryllis im Moos- und Efeubett oder vorgetriebenen Zwiebelblumen in Metallschalen bringen Sie Leben in die Wohnung. Eine besondere Bereicherung ist Essbares: Fensterkästen mit Kräutern oder dekorative Kohlsorten im Verbund mit Thymian und Salbei liefern nicht nur Schmackhaftes, sondern sehen auch sehr dekorativ aus.

Jeder Projektvorschlag wird ergänzt durch eine Pflanzenliste und Schritt-für-Schritt-Anleitungen, von denen Sie sich auch zu eigenen Ideen inspirieren lassen können.

Pflanzen im Winter haben neben ihrem unbestrittenen ästhetischen Wert jedoch einen weiteren Vorteil: Sie sehen auch ohne viel Pflege gut aus. Außerdem lassen sich jede Menge Schönheiten dicht an dicht zu üppigen Arrangements kombinieren, ohne dass man ihnen wie im Frühjahr und Sommer, wenn sie sehr schnell wachsen, viel Platz einräumen muss.

Alle Projekte können Sie mit wenig Werkzeug umsetzen. Auch brauchen Sie kaum gärtnerische Erfahrung. In der Regel bekommen Sie die vorgeschlagenen Pflanzen problemlos im Handel. Ausschau halten sollten Sie dagegen nach ungewöhnlichen Gefäßen wie alten Eimern, Metalltruhen und Holzkisten.

Winter ist nicht gleich Winter. Wo es in einer Region mild und regnerisch bleibt, muss man in einer anderen mit viel Schnee und klirrender Kälte rechnen – auch das sollten Sie in Ihre Planung miteinbeziehen.

Sobald Ihre Winterarrangements stehen, nehmen Sie sich Zeit, sie auch zu genießen. Ich freue mich immer über die ersten Christrosen und Schneeglöckchen im Garten. Mit diesem Buch hoffe ich Sie zur Gestaltung wundervoller Topfwelten inspirieren zu können, die Ihren Garten und Ihr Heim im Winter und darüber hinaus bereichern. Es gibt nicht den geringsten Grund, eine so erfüllende Beschäftigung in der kalten Jahreszeit auf Eis zu legen!

Grundlagen

Bei der Bepflanzung von Gefäßen für den Winter sind gute Planung und Vorbereitung das A und O. Schließlich soll ein Arrangement möglichst lange schön aussehen. Hier ein paar Tipps und Techniken.

Die Wahl der Gefäße

Das Angebot an Pflanzgefäßen in Gartencentern, Gärtnereien und Baumärkten ist riesig. Die Palette reicht von klassischen Ton- und farbenfrohen Keramiktöpfen über Holzkisten bis hin zu Plastikkästen und -schalen. Bei der Auswahl spielt Ihr Geschmack eine wichtige Rolle. Wählen Sie Tönungen, Formen und Oberflächenstrukturen, die Ihnen zusagen, dann gelingen Ihnen optimale Arrangements.

Ton sieht gut aus und bekommt mit der Zeit eine schöne Patina, ist aber anfällig für Frostschäden. In Gegenden mit bitterkalten Wintern reserviert man Tontöpfe am besten für Sommerpflanzungen und packt sie im Winter weg. Kaufen Sie außerdem nur frostfestes Material.

Glasierte Gefäße bringen Farbe in den winterlichen Garten, doch sollte man ebenfalls Ausführungen wählen, die Minusgrade aushalten. In dieser Hinsicht ist Kunststoffware sehr praktisch, denn ihr macht Kälte nichts aus. Außerdem kostet sie nur wenig. Ich persönlich allerdings finde, dass Plastik nicht schön aussieht, weshalb ich lieber auf Flohmärkten stöbere und nach ungewöhnlichen, oft ebenfalls sehr billigen Alternativen suche. Probieren Sie es einmal mit alten Eimern, Emailletöpfen und Metallkisten – gerade Metall steckt auch bitterste Kälte weg. Sehr robust ist ferner Steingut, weshalb es sich ebenfalls gut für den Winter eignet.

Wenn Sie ein wetterfestes Behältnis auftreiben, in das sich obendrein Abzugslöcher bohren lassen (siehe Seite gegenüber), können Sie es getrost als Pflanzgefäß zweckentfremden. Sie müssen nur überlegen, mit welcher Besetzung es am besten aussieht. Lassen Sie sich von den nachfolgenden Projekten inspirieren.

Verwenden Sie nur saubere Gefäße, um die Gefahr eines Befalls durch Schädlinge und Krankheiten zu reduzieren. Es reicht schon, sie gründlich mit einer Seifenlösung zu reinigen und trocknen zu lassen.

Oben links: ein Arsenal hübscher Emaille-Gefäße
Oben rechts: Keramiktöpfe eignen sich auch für den Winter.

Abzugslöcher

Pflanzgefäße brauchen einen guten Wasserabzug. Im Handel erhältliche Ware hat in der Regel mindestens ein Abzugsloch, aber wenn man alte Eimer und Kisten verwendet, muss man ihren Boden gegebenenfalls selbst perforieren. Mit einem Hammer und einem Nagel oder einem Bohrer lösen Sie das Problem.

Scherben

Als Dränagematerial können Ton-, Fliesen- und Porzellanscherben verwendet werden. Man legt sie über das Abzugsloch auf den Boden des Pflanzgefäßes, damit die Topferde die Löcher nicht verstopft. Größere Stücke zerklopft man vorsichtig mit einem Hammer. Bleiben Scherben übrig, kann man sie für künftige Pflanzprojekte aufheben. Das gilt auch für Tontöpfe, die den Winter draußen nicht überlebt haben.

Isolieren von Gefäßen

Nicht alle Pflanzen in diesem Buch überstehen niedrige Temperaturen. Mitunter ist es daher ratsam, Töpfe zu isolieren, damit empfindlichere Gewächse nicht zu Schaden kommen. Indem man Topfinnenseite mit Luftpolsterfolie ausschlägt oder Styroporstücke vor dem Bepflanzen dazugibt, kann man die Wurzelballen etwas vor Kälte schützen.

Lässt man Tongefäße im Winter draußen, ist es sinnvoll, den ganzen Topf einzuwickeln. Wem Luftpolsterfolie zu unansehnlich ist, der kann die Behältnisse auch in Sackleinen oder Gartenvlies einschlagen und eine Schnur herumwickeln, damit der schützende Mantel hält.

Standort

Manche Pflanzen können zwar im Winter draußen bleiben, bevorzugen aber ein mildes Plätzchen. Normalerweise stehen Töpfe dicht an

Oben: Abzugslöcher sind sehr wichtig.
Rechts: Alte Kuchenformen sind ideale Pflanzgefäße für drinnen.

der Hauswand schon geringfügig wärmer und windgeschützter. Überlegen Sie sich einen geeigneten Standort für Ihre Pflanzen – aber unbedingt einen, an dem Sie das Arrangement den ganzen Winter sehen und genießen können. Neben der Eingangstür oder in Sichtweite des Küchenfensters hat man am meisten davon.

Stehen Pflanzgefäße dort, wo sich gern Pfützen bilden, stellt man sie auf Füße, damit die Wurzeln in den Gefäßen nicht ertrinken.

Auswahl der Pflanzen

Bei der Zusammenstellung winterlicher Arrangements muss man die Pflanzen mit Bedacht auswählen, damit sie in der Kälte keinen Schaden nehmen. Berücksichtigen Sie Größe und Platzbedarf der Pflanzen ebenso wie die Klimabedingungen vor Ort. Im Gartencenter oder der Gärtnerei um die Ecke erfahren Sie, welche Arten sich für Ihre Gegend eignen.

Vor dem Kauf zieht man die Pflanzen samt Ballen aus dem Topf, um zu prüfen, ob die Wurzeln zu dicht geworden sind oder von Schädlingen und Krankheiten befallen sind.

Unten links: Vor dem Einpflanzen lockert man die Wurzeln.
Unten Mitte: Sand oder Kies verbessern die Dränage.
Unten rechts: Gefäße regelmäßig überprüfen und wässern!

Weichen Sie die Wurzelballen neu erworbener Pflanzen vor dem Setzen immer erst ein. Dazu taucht man sie mindestens 20 Minuten in Wasser, bis die Ballen sich vollgesogen haben.

Wurzeln lockern

Manchmal ist der Wurzelballen von Pflanzen, die schon längere Zeit in ein und demselben Topf sitzen, sehr stark verdichtet. In diesem Fall holt man ihn aus dem Gefäß, lockert die Wurzeln vorsichtig mit den Fingern und zieht sie nach außen. So können sie sich im neuen Gefäß besser ausbreiten. Allerdings dürfen sie nicht verletzt werden.

Substrat

Bei Ihrem Händler vor Ort gibt es sicher eine breite Auswahl verschiedener Erden. Winterliche Arrangements sind in der Regel ziemlich anspruchslos, was ihr Wuchsmedium anbelangt. Die meisten Pflanzen in diesem Buch sind mit Qualitätsblumenerde zufrieden, denn in der Kälte brauchen sie nicht viele Nährstoffe (ganz im Gegensatz zu Frühjahrs- und Sommerpflanzen, die stark wachsen). Zieht man Sträucher und kleine Bäume langfristig in Gefäßen, sollte man ihnen Topferde mit Tonanteilen, auch TKS 2 oder Einheitserde Typ T, zugestehen, um das Wurzelwachstum anzuregen und ihnen einen guten Start in ihr neues Dasein zu ermöglichen. Torffreie Substrate sind vorzuziehen, weil sie umweltfreundlicher sind.

Moorbeet- bzw. Rhododendronerde kommt bei sogenannten Kalkfliehern wie Heidekraut zum Einsatz, die ein saures Substrat mit einem pH-Wert unter 7 brauchen. Selbst diese Pflanzen kommen im Winter aber mit normaler Blumenerde zurecht. Moorbeeterde braucht sie nur, wenn man sie langfristig ziehen möchte.

Wer Zwiebelpflanzen im Zimmer kultiviert, kann sie in Kokoserde stecken. Sie ist leicht und stark durchlässig, sodass die Zwiebeln trocken sitzen und nicht faulen.

Kies und Sand als Zusatz

Die meisten Pflanzen mögen sehr nasses Substrat nicht. Im Winter kann das zum Problem werden. Mischen Sie daher ein paar Handvoll

Gartenkies oder -sand unter das Substrat und bedecken Sie den Boden des Gefäßes am besten noch mit einer Lage Kies. Das verbessert den Wasserabzug und verhindert, dass die Wurzeln faulen. Spezielle Zusatzstoffe wie Vermiculit und Perlit verbessern die Dränage ebenfalls, sind aber teurer.

Wässern und Düngen

Im Winter wässert man naturgemäß weniger, da die Topferde sonst zu nass wird. Zum einen mögen die meisten Pflanzen keine nassen Füße, zum anderen tut ihnen ein zu Eis gefrorener Wurzelballen gar nicht gut.

Steht ein Gefäß auf einer Freifläche, bekommt es in der Regel genug Niederschlag ab und muss im Winter nicht noch zusätzlich gewässert werden. Allerdings sollte man gerade in trockenen Wintern den Ballen gelegentlich prüfen. Hängende, trockene und verfärbte Blüten können auf Wassermangel hindeuten. Bei immergrünen Pflanzen lässt sich der Zustand schwer allein am Laub beurteilen. Ihre oberirdischen Teile können noch gut aussehen, obwohl die Wurzeln schon ziemlich darben. Stecken Sie deshalb gelegentlich einen Finger in die Erde und prüfen Sie, ob noch genug Feuchtigkeit vorhanden ist.

Generell hält man Topfballen feucht, aber nicht nass. Nicht gut ist es, den Ballen regelmäßig völlig austrocknen zu lassen und ihn anschließend zu ertränken. Am besten gedeihen Pflanzen in gleichmäßig feuchtem Substrat.

Düngen ist im Winter nicht notwendig, denn in der Ruhephase kommen Topfgewächse problemlos mit den Nährstoffen zurecht, die noch im Substrat enthalten sind. Die Verwendung von Flüssigdünger oder Langzeitdüngergranulat ist vor allem im Frühjahr und Sommer notwendig, denn in dieser Zeit benötigen Pflanzen Nährstoffe für das Wachstum.

Laufende Pflege

Topfarrangements speziell für den Winter brauchen wesentlich weniger Pflege als ihre sommerlichen Gegenstücke. Abgesehen von einem gelegentlichen Feuchtigkeits-Check müssen Sie kaum etwas tun. Es reicht, wenn Sie alle paar Wochen einen prüfenden Blick auf das Grün werfen, um eventuelle Probleme schon im Ansatz zu erkennen. Winterblüher wie Stiefmütterchen, Veilchen und Alpenveilchen profitieren allerdings vom Abzwicken welker Blüten. Dieses wöchentliche Ausputzen regt sie nicht nur zu reicherer Blüte an, sondern sorgt auch dafür, dass das Ensemble länger gut aussieht.

Nach dem Winter

Sollen die Pflanzen auch im Frühjahr noch in ihrem Gefäß bleiben, muss man die Erde etwas auffrischen. Dazu entfernt man die oberste Lage und ersetzt sie durch frisches Substrat. In die neue Schicht wird Langzeitdünger eingearbeitet.

Einjährige Blütenpflanzen entfernt man am besten, wenn sie ihre beste Zeit hinter sich haben. Will man das Arrangement noch weiter genießen, kann man sie durch Frühjahrs- oder Sommerblumen ersetzen. Geht es in einem Gefäß sehr eng zu – wie in den meisten meiner Vorschläge –, entfernt man ein, zwei Exemplare und pflanzt sie in einen anderen Topf, damit die verbleibenden mehr Platz haben.

Das Laub von Zwiebelpflanzen lässt man nach dem Verblühen noch etwa fünf Wochen stehen, bis man es abschneidet. Dann pflanzt man die Zwiebeln in den Garten oder lagert sie getrocknet und setzt sie im Herbst erneut ein.

Rechts: Das Abzwicken welker Blüten regt die Blütenbildung an.

Pflanzen für den Winter

Die hier aufgeführten Pflanzen sind alle eine Bereicherung für Ihren winterlichen Garten. Sie steuern Farbe, Form, Duft, Blüten und manchmal sogar Essbares bei. Die Liste soll Ihnen bei der Auswahl von Gewächsen für Ihre Pflanzgefäße und Ihren Garten helfen. Lassen Sie sich vom Personal im Gartencenter oder einer Gärtnerei in Ihrer Nähe beraten, was bei Ihnen gedeiht. Dort sagt man Ihnen auch, welche Pflanzen winterhart genug für Ihre Gegend sind. Wichtig ist ferner, Exemplare auszuwählen, die für die jeweilige Topf- oder Gartengröße geeignet sind. Manche der hier erwähnten Arten können mit der Zeit stattliche Ausmaße annehmen.

Unten links: Sukkulenten sehen oft den ganzen Winter hindurch gut aus.

Unten rechts: Clematis-Blüten bereichern jedes winterliche Arrangement.

LAUB UND FARBE

Aucuba japonica (Japanische Aukube)

Brassica oleracea (Zierkohl)

Chamaecyparis lawsoniana (Lawsons Scheinzypresse)

Choisya ternata (Orangenblume)

Cornus (Hartriegel)

Cryptomeria japonica (Japanische Sicheltanne)

Cupressus macrocarpa (Monterey-Zypresse)

Eucalyptus gunnii

Euonymus fortunei (Spindelstrauch)

Euphorbia (Wolfsmilch)

Fatsia japonica (Zimmeraralie)

Hamamelis × intermedia (Hybrid-Zaubernuss)

Hebe (Strauchveronika, nicht alle sind winterhart)

Hedera helix (Efeu)

Heuchera (Purpurglöckchen)

Heucherella (Kissen-Purpurglöckchen)

Juniperus (Wacholder)

Leucothoe 'Scarletta' (Traubenheide)

Pittosporum tenuifolium (Schmalblättriger Klebsame, braucht Winterschutz)

Salix alba (Silber-Weide)

Senecio cineraria (Silber-Greiskraut)

DUFT

Chimonanthus praecox (Chinesische Winterblüte)

Clematis cirrhosa var. *balearica* (Balearen-Waldrebe)

Coronilla valentina subsp. *glauca* 'Citrina' (Valencia-Kronwicke, nicht winterhart)

Daphne bholua (nicht winterhart)

Hamamelis × intermedia (Hybrid-Zaubernuss)

Hyacinthus orientalis (Hyazinthe)

Iris unguicularis (Winter-Iris)

Jasminum nudiflorum (Winter-Jasmin)

Narcissus (Narzissen, insbesondere 'Paper White')

Sarcococca confusa (Fleischbeere)

Viburnum × bodnantense (Bodnant-Schneeball)

BEEREN

Callicarpa bodinieri (Bodinières Schönfrucht)
Cotoneaster (Zwergmispel)
Gaultheria mucronata (Torfmyrte)
Ilex (Stechpalme)
Pyracantha (Feuerdorn)
Solanum pseudocapsicum (Jerusalemkirsche, nicht winterhart)

BLÜTEN

Amaryllis (Zimmerpflanze)
Bellis perennis (Gänseblümchen)
Calluna vulgaris (Heidekraut)
Clematis cirrhosa 'Jingle Bells'
Clematis urophylla 'Winter Beauty' (nicht winterhart)
Crocus (Krokus)
Cyclamen hederifolium (Herbst-Alpenveilchen)
Daphne mezereum (Gewöhnlicher Seidelbast)
Epimedium (Elfenblume)
Eranthis hyemalis (Kleiner Winterling)
Erica carnea (Schnee-Heide)
Euphorbia pulcherrima (Weihnachtsstern, Zimmerpflanze)
Galanthus (Schneeglöckchen)
Helleborus niger (Christrose)
Hyacinthus orientalis (Hyazinthe)
Iris reticulata (Netzblatt-Iris)
Jasminum nudiflorum (Winter-Jasmin)
Lonicera × purpusii 'Winter Beauty' (Heckenkirsche)
Mahonia × media
Muscari armeniacum (Armenische Traubenhyazinthe)
Narcissus (Narzisse)
Primula Polyantha-Hybriden (Primel)
Sarcococca confusa
Skimmia japonica
Viburnum tinus (Immergrüner Schneeball)
Viola × wittrockiana (Stiefmütterchen)

ZWIEBELBLUMEN

Amaryllis (Zimmerpflanze)
Crocus (Krokus)
Cyclamen hederifolium (Herbst-Alpenveilchen)
Eranthis hyemalis (Winterling)
Galanthus (Schneeglöckchen)
Hyacinthus orientalis (Hyazinthe)
Iris reticulata (Netzblatt-Iris)
Iris unguicularis (Winter-Iris)
Muscari armeniacum (Armenische Traubenhyazinthe)
Narcissus (Narzisse)

FARNE

Asplenium scolopendrium 'Angustifolia' (Hirschzungenfarn)
Asplenium trichomanes (Braunstieliger Streifenfarn)
Dryopteris filix-mas (Wurmfarn)
Pteris cretica 'Rowerii' (Kretischer Saumfarn, nicht winterhart)
Selaginella kraussiana 'Gold Tips', (nicht winterhart)
Woodwardia unigemmata

GRÄSER

Acorus gramineus (Lakritz-Kalmus)
Carex comans 'Bronze'
Festuca glauca (Blau-Schwingel)
Miscanthus sinensis (Chinaschilf)
Ophiopogon planiscapus 'Nigrescens' (Schwarzer Schlangenbart)
Stipa tenuissima (Engelhaar)
Uncinia rubra (Mahagonigras)

KRÄUTER

Laurus nobilis (Lorbeer)
Origanum vulgare (Oregano)
Petroselinum crispum (Petersilie)
Rosmarinus officinalis (Rosmarin)
Salvia officinalis (Salbei)
Thymus vulgaris (Thymian)

GEMÜSE

Brokkoli
Fava-Bohnen/Dicke Bohnen
Knoblauch
Kopfkohl
Mangold
Porree
Rosenkohl
Sauerampfer
Schwarzkohl
Spinat
Wintersalate
Zwiebeln

Rechts: Auch in Gefäßen macht strenger Frost Efeu nichts aus.

Kapitel 1
Triebe und Blätter

Super-*Sukkulenten*

Diese niedrigen Sukkulenten in allerlei Farben ergeben einen schönen Miniaturgarten für den Winter, wenn man ihnen eine flache Schale als Lebensraum zuteilt. Das Arrangement sollte frostfrei stehen, da einige Arten, allen voran *Echeveria* 'Magic Red', nicht winterhart sind.

SIE BRAUCHEN:

Flache Schale mit Abzugsloch

Tonscherben

Kies

Topferde mit ein paar Handvoll Sand zur Verbesserung der Durchlässigkeit

Eine Auswahl an Sukkulenten – hier kamen zum Einsatz: *Sedum oregonense*, *Sedum acre* 'Minus' (Scharfer Mauerpfeffer), *Sedum spathulifolium* 'Purpureum' (Colorado-Mauerpfeffer), *Sedum rubrotinctum* (Ampel-Fetthenne), *Euphorbia myrsinites* (Walzen-Wolfsmilch), *Echeveria runyonii* 'Topsy turvy' und *Echeveria* 'Magic Red'.

Pinsel

Zierkies

1 Abzugsloch in der Schale mit einigen Tonscherben abdecken, damit es nicht durch Topferde verstopft werden kann.

2 Eine etwa 2 cm dicke Lage Kies auf dem Boden der Schale verteilen.

3 Die Mischung aus Topferde und Sand in die Schale geben, aber nur zur Hälfte auffüllen. Leicht andrücken, um Lufteinschlüsse im Substrat zu vermeiden.

4 Pflanzen etwa 10 Minuten samt Topf in ein Gefäß mit Wasser stellen. Mit dem Ballen aus dem Topf nehmen und in der Schale arrangieren. Dabei gegebenenfalls etwas Erde aus den Ballen lösen, falls die Ballen zu groß sind.

5 Verschiedene Arrangements ausprobieren, bis Sie mit der Anordnung zufrieden sind. Kriechend wachsende Pflanzen außen positionieren, damit sie über den Rand hängen können.

6 Lücken zwischen den Wurzelballen der Pflanzen mit Topferde füllen, ohne dass Erde auf die Pflanzen selbst fällt. Sind alle Lücken geschlossen, die Erde leicht anpressen und einebnen.

7 Mit einem Pinsel Erdreste von den Pflanzen entfernen.

8 Zierkies auf die Substratoberfläche streuen (er schützt die Wurzeln auch etwas vor Kälte). Dabei wieder darauf achten, dass nichts auf die Pflanzen selbst fällt. Schale gießen und überschüssiges Wasser ablaufen lassen.

PFLEGE

Die Pflanzen sehen zwar das ganze Jahr über gut aus, sind aber nicht allesamt winterhart. Steht die Schale im Freien, braucht sie einen geschützten Platz und muss bei Temperaturen unter 5 °C sogar nach drinnen gebracht werden. Die Topferde sollte leicht feucht gehalten werden, darf aber nicht ständig nass sein.

Hängender Garten

Diese originelle Metallschiene mit Aussparungen eignet sich besonders für kleine Gewächse, die sich darin zu einem hübschen grünen Turm zusammentun. Wer so etwas nirgends findet, verwendet handelsübliche Hängetaschen aus Stoff oder – noch einfacher – an Säulen genagelte Töpfe.

1 In jedem Pflanzkelch dieses Hängers befindet sich bereits ein Abzugsloch. Wenn Sie eine andere Konstruktion verwenden, müssen Sie Löcher mit Hammer und Nagel hineinklopfen. Ein bisschen Kies in die Topferde mischen, damit ein ausreichender Wasserabzug gewährleistet ist. Dann die Taschen mit dieser Mischung füllen und etwas andrücken, um Lufteinschlüsse zu verhindern.

2 Die Pflanzen vor dem Einsetzen mindestens 20 Minuten einweichen, damit die Wurzeln gut nass sind. Pflanzen aus dem Topf holen, Wurzelballen etwas lockern und in die Taschen setzen. Bei Bedarf etwas Erde nachfüllen. Passt der Wurzelballen nicht in die Vertiefung, etwas Erde aus dem Ballen entfernen, dabei aber die Wurzeln nicht verletzen. Alle Taschen genauso befüllen und so bepflanzen, dass die Pflanzen nach außen wachsen und gegebenenfalls nach unten hängen. Jede Tasche wässern – das Substrat sollte feucht, aber nicht nass sein.

SIE BRAUCHEN:

Pflanzgefäß zum Aufhängen
Gartenkies
Topferde
1 *Dryopteris erythrosora* 'Prolifica' (Rotschleier-Wurmfarn)
1 *Hedera helix* (Gewöhnlicher Efeu)
1 *Leptinella squalida* 'Platt's Black' (Echtes Fiederpolster)
1 *Artemisia vulgaris* 'Oriental Limelight' (Gewöhnlicher Beifuß)
1 *Lonicera nitida* 'Baggesen's Gold' (Glänzende Heckenkirsche)

PFLEGE
Wässern Sie Ihren hängenden Garten alle paar Wochen bzw. wenn es notwendig ist – vor allem wenn er unter einem Dach oder in der prallen Sonne hängt.

Farn*familie*

Viele Farne bleiben das ganze Jahr ansehnlich und eignen sich daher bestens für winterliche Arrangements. Verwenden Sie aber immergrüne Arten mit unterschiedlichen Farben und Texturen. Hier wurde ein altes Spülbecken zu einem kleinen Farngarten umfunktioniert, in dem das Grün viel Platz hat.

SIE BRAUCHEN:

Altes Spülbecken

Tonscherben

Größere Styroporstücke

Topferde

Eine Auswahl an Farnen – hier kamen zum Einsatz: *Woodwardia unigemmata Asplenium trichomanes* (Braunstieliger Streifenfarn), *Asplenium scolopendrium* 'Angustifolia' (Hirschzungenfarn), *Pteris cretica* 'Rowerii' (Kretischer Saumfarn), *Selaginella kraussiana* 'Gold Tips' (Feingliedriger Moosfarn) und *Dryopteris filix-mas* (Gewöhnlicher Wurmfarn)

Dekorative Borkenstücke

1 Abzugsloch nicht blockieren, da Farne empfindlich auf zu nasse Böden reagieren. Loch mit Tonscherben abdecken und weiter Scherben auf dem Boden des Beckens verteilen. Das verbessert den Wasserabzug zusätzlich.

2 Styropor in Stücke brechen und in das Becken legen – das ist eine preiswerte und wirkungsvolle Möglichkeit, große Gefäße zu füllen, ohne Unmengen Topferde zu verbrauchen. Außerdem isoliert Styropor das Gefäß.

3 Becken zur Hälfte mit Topferde füllen. Erde einebnen. Dabei darauf achten, dass sich an den Styroporstücken keine Lufteinschlüsse bilden.

4 Wurzelballen der Pflanzen etwa 20 Minuten lang in Wasser einweichen. Einen Farn aus seinem Topf holen und in das Becken stellen.

5 Die übrigen Pflanzen ebenso auf die Oberfläche der Topferde stellen und so arrangieren, dass sie eine schöne Einheit bilden. Höhere Pflanzen kommen nach hinten, kleinere nach vorn.

6 Ein paar dekorative Rindenstücke so in das Becken legen, dass größere Bereiche nackter Erde bedeckt sind. Sie geben der Pflanzung ein ansprechendes waldartiges Flair.

PFLEGE

Der Kretische Saumfarn und der Feingliedrige Moosfarn sind nicht winterhart. Wer das Becken draußen aufstellen will, verwendet deshalb besser robuste Arten, die im Freien durchhalten. Farne mögen es grundsätzlich geschützt. Der Boden sollte feucht, aber nicht nass sein – guter Wasserabzug ist daher wichtig.

FARNFAMILIE

Kiste mit *Gras*

Die Inspiration zu diesem Arrangement habe ich mir von der rostigen alten Kiste geholt, die ich auf einem Flohmarkt gesehen habe. Die Gräser in Braun- und Goldschattierungen passen perfekt zum Orangebraun des Metalls. Überhaupt eignen sich Gräser gut für winterliche Gärten, denn sie verlieren in der kalten Jahreszeit zwar Farbe, verändern aber ihren Wuchs kaum und bereichern Pflanzgefäße und Rabatten. Das Purpurglöckchen musste mit dazu, weil es ebenfalls eine schöne Färbung hat. Man kann es aber weglassen, wenn man sich auf Gräser beschränken will.

SIE BRAUCHEN:

Alte Metallkiste
Hammer
Großer Nagel
Tonscherben
Topferde
Grober Kies
1 *Pennisetum* × *advena* 'Rubrum'
1 *Pennisetum setaceum* 'Rubrum' (Afrikanisches Lampenputzergras)
1 *Anemanthele lessoniana* (Neuseeland-Wind-Gras)
1 *Carex comans* (Neuseeland-Segge)
1 *Heuchera* 'Marmalade' (Purpurglöckchen)

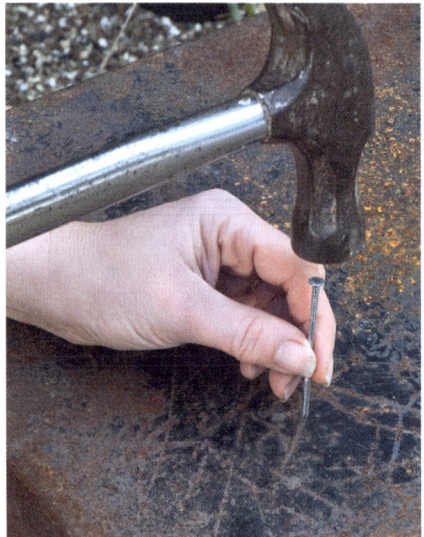

1 Mit Hammer und Nagel Löcher in den Boden der Kiste schlagen, falls sie noch keine hat. Nagel im Loch etwas hin- und herbewegen, um das Loch zu vergrößern.

2 Boden der Kiste mit Tonscherben bedecken – sie verbessern den Wasserabzug und verhindern, dass Topferde die Abzugslöcher verstopft.

3 Kiste zur Hälfte mit Topferde füllen. Ein paar Handvoll Kies dazugeben, um die Durchlässigkeit des Substrats zu verbessern.

4 Alle Pflanzen mindesten 20 Minuten lang mit dem Wurzelballen in Wasser stellen, bis er komplett vollgesogen ist. *Pennisetum × advena* aus dem Topf ziehen und an den hinteren Rand der Kiste stellen. Wurzeln vorsichtig aus dem Ballen ziehen, damit sie leichter in die umgebende Topferde vorstoßen können.

5 Das Afrikanische Lampenputzergras danebensetzen. Dann das Neuseeland-Wind-Gras an den vorderen Rand der Kiste und die Neuseeland-Segge gleich daneben platzieren. Links noch eine Lücke lassen.

6 Das Purpurglöckchen aus seinem Topf holen und in die verbliebene Lücke pflanzen. Um die Pflanzen herum noch etwas Topferde nachfüllen, damit alle Ballen von Erde umgeben sind und stabil stehen.

PFLEGE

Die vorgeschlagenen Gräser brauchen ein frostfreies Plätzchen – platzieren Sie die Kiste entsprechend geschützt. Das Purpurglöckchen reagiert sehr empfindlich auf zu nasse Füße. Schneiden Sie die Gräser im zeitigen Frühjahr zurück, damit sie neu austreiben und ansehnlich bleiben.

Tisch*trog*

Zwergfichten stehen im Mittelpunkt dieser hübschen Tischdekorationen. Die rostigen Metallkästen sind mit je einem winzigen Gehölz sowie mit Bubiköpfchen und Korallenmoos bestückt. Zusammen mit Dekormoos bilden sie einen regelrechten Minigarten. Ein Stern auf der Fichte verbreitet weihnachtliches Flair.

SIE BRAUCHEN:

Alte Metallkiste
Kies
Topferde
1 *Picea glauca* 'Conica' (Zuckerhut-Fichte, Zwergform)
3 kleine *Soleirolia soleirolii* (Bubiköpfchen)
3 kleine *Nertera granadensis* (Korallenmoos)
Dekor- bzw. Islandmoos (bei Floristen erhältlich)
Silberner Stern (nach Belieben)

1 Löcher in den Boden der Kiste schlagen, damit Wasser ablaufen kann (siehe Seite 26). Ist die Kiste für einen Esstisch gedacht, eine Schale darunterstellen, um Beschädigungen der Tischfläche zu vermeiden. Alternativ den Boden der Kiste nicht mit Abzugslöchern versehen und dafür sparsam wässern, um Staunässe zu vermeiden. Den Boden der Kiste mit einer dicken Lage Kies bedecken. Kiesschicht einebnen.

2 Kiste zur Hälfte mit Topferde füllen und Erde glatt streichen.

3 Wurzelballen der Pflanzen rund 20 Minuten lang in Wasser stellen, bis sie sich vollgesogen haben. Fichte aus dem Topf ziehen, Wurzeln gegebenenfalls etwas lockern und in die Mitte der Kiste pflanzen. Ballen leicht in die Topferde drücken, sodass die Oberfläche des Wurzelballens tiefer sitzt als der Rand der Kiste.

4 Bubiköpfchen aus dem Topf holen und etwas Erde aus dem Ballen lösen, damit er flach auf der Topferde in der Kiste ausgebreitet werden kann. Pflanze in einer Ecke der Kiste platzieren, sodass das Laub etwas über den Rand der Kiste ragt.

5 Korallenmoos aus dem Topf holen und wieder etwas Erde aus dem Wurzelballen entfernen. An das andere Ende der Kiste pflanzen.

6 Die übrigen Pflanzen scheinbar zufällig über die Kiste verteilen. Ein paar Lücken für das Dekormoos lassen.

7 Topferde zwischen die Pflanzen füllen, bis sie gut festsitzen. Zwischen Bubiköpfchen und Korallenmoos etwas Dekormoos hinzufügen. Gegebenenfalls mit Topferde unterpolstern, damit es in etwa so hoch sitzt wie die Pflanzen.

PFLEGE

Die Kiste wird gleich nach dem Bepflanzen gewässert. Prüfen Sie die Erde regelmäßig und gießen Sie nach, wenn sie sich trocken anfühlt. Dekormoos sollte feucht gehalten werden, damit es seine hellgrüne Farbe behält. Auch die Fichte braucht immer wieder Nachschub, denn sie trocknet nicht gern aus.

8 Lücken mit etwas Topferde und kleineren Dekormoosstückchen füllen, sodass keine Erde mehr zu sehen ist.

TISCHTROG **33**

Skimmie in *Stein*

Klassische Steinvasen gereichen jedem Garten zur Zier. Sie überstehen außerdem selbst strenge Winter ohne Schäden. Diese Pflanzenkombination ist in kontrastierenden Farben gehalten. Die Skimmie bereichert sie mit ihrem hübschen Rosa, während die Farne das Ensemble weicher machen. Pflege ist hier kaum notwendig – prüfen Sie lediglich hin und wieder, ob die Erde feucht genug ist.

SIE BRAUCHEN:

Große Steinvase mit Abzugsloch
Tonscherben
Topferde
1 *Skimmia japonica* 'Rubella'
1 *Heuchera* 'Obsidian' (Purpurglöckchen)

1 *Euphorbia amygdaloides* 'Ruby Glow' (Mandelblättrige Wolfsmilch)
1 *Lonicera nitida* 'Bagensen's Gold' (Glänzende Heckenkirsche)
1 *Dryopteris filix-mas* (Gewöhnlicher Wurmfarn)

1 Abzugsloch in der Vase mit ein paar Tonscherben abdecken, damit keine Topferde das Loch verstopfen kann.

2 Vase zur Hälfte mit Topferde füllen und gleichmäßig verteilen.

34 BLÄTTER UND TRIEBE

3 Die Wurzelballen aller Pflanzen etwa 20 Minuten lang in Wasser stellen, bis sie komplett durchgeweicht sind. Skimmie aus dem Topf holen und den Wurzelballen etwas lockern. Leicht von der Mitte versetzt in die Vase pflanzen.

4 Purpurglöckchen aus dem Topf holen und neben die Skimmie pflanzen. Wurzelballen ebenfalls etwas auseinanderziehen, falls er verdichtet ist.

5 Die Wolfsmilch aus dem Topf holen und in die Vase umsiedeln. Alle drei bisher eingesetzten Pflanzen so in die Erde drücken, dass die Wurzelballen gleich tief sitzen und nicht über den Rand der Vase hinausragen.

6 Heckenkirsche aus ihrem Topf ziehen und vor der Skimmie in die Urne setzen. Wieder darauf achten, dass die Oberfläche der Topferde eben ist. Ein paar Handvoll Topferde um die Pflanzen einfüllen und genug Platz für die letzte Pflanze lassen.

7 Farn ebenso einpflanzen. Um die Pflanzen gegebenenfalls etwas Topferde verteilen, damit keine Lücken bleiben.

 **PFLEGE**

Das Arrangement ist sehr robust und verträgt locker bis –15 °C. Deshalb kann es im Grunde sich selbst überlassen werden und im Freien stehen bleiben. Bei längerer Trockenheit prüft man, ob die Topferde trocken ist, und wässert bei Bedarf.

SKIMMIE IN STEIN **37**

Kranz aus *Sukkulenten*

Dieser Kranz ist einfach zu machen und sieht das ganze Jahr gut aus. Sukkulenten sind zähe Gewächse, die sich problemlos teilen lassen und nach dem Wiedereinpflanzen leicht einwurzeln. Ich habe sehr viele Pflanzen für den Kranz verwendet – wenn Sie nicht alle bekommen oder sparen möchten, brechen Sie einfach Stücke von Sukkulenten ab, die Sie schon haben. Versuchen Sie zudem, die Farben zu variieren.

SIE BRAUCHEN:

Moos (bei Floristen erhältlich)

Kranzgestell aus Draht, 35 cm Durchmesser

Topferde

Kupferdraht

Verschiedene Sukkulenten – am besten verwenden Sie Stücke von Arten, die Sie bereits haben. Ich habe folgende Arten und Sorten verwendet: *Jovibarba globifera* subsp. *hirta*, *Jovibarba heuffelii*, *Sedum acre* 'Golden Queen,' *Sedum album*, *Sedum cyaneum* 'Sachalin', *Saxifraga cotyledon* 'Southside Seedling', *Delosperma congestum* 'Golden Nugget', *Lewisia tweedyi*, *Sempervivum* 'Fuego', *Rhodiola pachyclados*, *Chiastophyllum oppositifolium* und *Androsace sempervivoides*

Steifer Floristendraht

Drahtschneider

1 Moos in kleine Stücke zerteilen und mit der Unterseite nach oben zu einem Ring legen, der etwas größer als das Drahtgestell für den Kranz ist. Drahtgestell auf das Moos legen.

2 Mehrere Handvoll Topferde auf das Drahtgestell und das Moos streuen. Das Moos so zusammenlegen, dass es das Drahtgestell bedeckt, und mit Kupferdraht umwickeln, damit es am Gestell fixiert ist.

1

2

TRIEBE UND BLÄTTER

3

4

5

3 Ein ungefähr 50 cm langes Stück Draht abschneiden und in der Mitte biegen, sodass es doppelt läuft. Dort um das Drahtgestell wickeln, wo später das obere Ende des Kranzes sein soll, und so zusammendrehen, dass es eine Schlinge bildet, an der man den Kranz aufhängen kann.

4 Vorsichtig Kindel und andere Stückchen von den Hauptpflanzen der Sukkulenten lösen, ohne die Wurzeln zu verletzen. Den Floristendraht in rund 10 cm lange Stücke schneiden und die Stücke zu einem U biegen. Mit dem Finger ein kleines Loch in das Moos drücken, eine Pflanze hineinstecken und mit einem um den Pflanzenansatz gebogenen Stück Draht im Loch fixieren. Das wird bei einigen Sukkulenten leichterfallen als bei anderen; gegebenenfalls kann man ein zweites Stück Draht zum Fixieren verwenden.

5 Nach und nach den ganzen Kranz mit Pflanzen bestücken; dabei Farben und Formen so anordnen, dass ein dekoratives Arrangement entsteht. Kleine Lücken zwischen den Pflanzen lassen, damit sie wachsen können. Alle Pflanzen, die Topferde und das Moos müssen vom Draht gut gehalten werden. Den Draht mehrmals um sich selbst winden und die überstehenden Enden mit dem Drahtschneider abschneiden.

PFLEGE

Idealerweise lässt man den Kranz mindestens ein paar Wochen lang liegen, damit die Pflanzen Zeit haben einzuwurzeln. Wenn Sie ihn jedoch in letzter Minute hergestellt haben, weil Sie ihn zum Dekorieren brauchen, sorgen Sie dafür, dass die Pflanzen gut fixiert sind und auch dann noch schön aussehen, wenn der Kranz hängt. Sukkulenten halten viel Trockenheit aus, weshalb das Gesteck nicht ständig nass sein darf. Bei sehr trockenem Wetter feuchtet man das Moos und die Topferde gelegentlich etwas an.

KRANZ AUS SUKKULENTEN

Hängende *Heucherella*

Blumenampeln verbindet man unweigerlich mit dem Sommer, denn in dieser Jahreszeit tragen sie in der Regel ein dichtes Blütenmeer. Der hier vorgestellte Hängekorb allerdings ist mit Heucherella und Purpurglöckchen in zurückhaltenden Farben besetzt. Sie sehen ganzjährig gut aus und überstehen sogar Frost.

SIE BRAUCHEN:

Hängekorb mit Kokos-Einsatz

Topferde (wasserspeicherndes Granulat einarbeiten, falls der Korb an einen sonnigen Platz gehängt wird, damit das Substrat nicht austrocknet)

Scharfes Messer oder Cutter

Alte Zeitung

je 1 × *Heucherella* 'Gold Cascade', 'Copper Cascade', 'Sweet Tea' und 'Burnished Bronze' (Bastardschaumblüte)

1 *Heuchera* 'Marmalade' (Purpurglöckchen)

3 *Muehlenbeckia axillaris* (Schwarzfrüchtiger Drahtstrauch)

2 *Hedera helix* (Gewöhnlicher Efeu)

1 Kokos-Einsatz in den Hängekorb legen und den Korb auf einen Übertopf oder Eimer stellen, damit er stabil sitzt. Den Korb etwa zur Hälfte mit Topferde füllen. Die Erde gleichmäßg verteilen.

2 Mit dem Messer einen etwa 10 cm langen Schlitz in den Einsatz schneiden. Der obere Rand muss jedoch intakt bleiben.

3 Wurzelballen der Pflanzen mindestens 20 Minuten lang in Wasser stellen. Eine *Heucherella* aus ihrem Topf holen und etwas Erde aus dem Ballen entfernen, damit der Ballen kleiner wird und mehr Pflanzen in den Korb passen. Einen Bogen Zeitungspapier zu einem 20 × 30 cm großen Blatt falten und vorsichtig um die Pflanze wickeln, sodass das Laub darin eingeschlossen ist.

4 Das Zeitungspapier mit der Pflanze darin langsam und vorsichtig von innen nach außen so durch den Schlitz im Einsatz schieben, dass das Laub nach draußen zeigt. Aufhören, sobald das ganze Laub durch den Schlitz nach außen geschoben wurde.

5 Zeitungspapier vorsichtig entfernen, sodass die Pflanze im Schlitz stecken bleibt, dabei das Laub nicht beschädigen. Den Wurzelballen im Korbinneren etwas lockern und auseinanderziehen.

6 Zwei weitere Schlitze in den Korbeinsatz schneiden. Insgesamt sollen also drei Schlitze in gleichmäßigem Abstand verteilt sein. Zwei weitere *Heucherella* wie die erste durch die Schlitze ziehen.

7 Die übrige *Heucherella* oben in den Korb pflanzen. Vorher überschüssige Erde aus ihren Wurzelballen lösen.

8 Das Purpurglöckchen (*Heuchera*) nun ebenfalls oben in den Korb pflanzen. Dabei darauf achten, dass die Oberseite des Wurzelballens im Korb sitzt und über seinen Rand ragt.

9 Mit dem Messer je einen weiteren Schlitz zwischen die seitlich im Einsatz sitzenden *Heucherella* schneiden – insgesamt also drei. Diese Schlitze etwas niedriger als die ersten ansetzen. Die *Muehlenbeckia*-Sträucher mithilfe der Zeitungspapiertechnik in die Schlitze schieben, diesmal allerdings von außen nach innen. Die Drahtsträucher kaschieren später den Korb und den Einsatz.

10 Die Efeupflanzen aus dem Topf holen und oben in den Korb setzen. Das Arrangement als Ganzes prüfen, um die beste Position für den Efeu zu finden. Den Korb mit ein paar Handvoll Topferde füllen, bis die Oberfläche der Erde eben ist.

PFLEGE

Hängen Sie den Korb auf und wässern Sie ihn gründlich. Purpurglöckchen und *Heucherella* mögen es nicht allzu nass, man darf sie nicht übermäßig gießen. Alle Pflanzen sind winterhart und vertragen selbst strengen Frost. Deshalb sieht die Blumenampel das ganze Jahr gut aus. Allerdings brauchen die Pflanzen im Frühjahr eine Düngung.

Einen Zierbaum *unterpflanzen*

Die Zwergzierkirsche sieht auch ohne Blätter hübsch aus. Unterpflanzt man das kahle Bäumchen noch mit Greiskraut und Alpenveilchen, wird ein dekoratives Element daraus. Mein Tipp: Schmücken Sie die Zweige mit einer Lichterkette!

SIE BRAUCHEN:

Ein Bäumchen im Kübel, hier *Prunus incisa* 'Kojo-no-mai' (März-Kirsche)

Handgabel

Topferde

7 *Senecio cineraria* (Silber-Greiskraut)

4 *Cyclamen persicum* (Zimmer-Alpenveilchen)

Lichterkette für den Außenbereich

1 Boden um den Stamm mit der Handgabel lockern und eventuell Unkraut entfernen. Ein paar Handvoll frische Topferde in die oberen 10 cm des alten Substrats einarbeiten. Pflanzenballen 20 Minuten in Wasser einweichen. Das Greiskraut an den Topfrand pflanzen.

2 Alpenveilchen innerhalb des Greiskrautrings rund um den Stamm pflanzen. Erde um die Pflanzen andrücken. Eventuelle Lücken mit etwas zusätzlicher Topferde füllen. Lichterkette in die Krone des Bäumchens flechten.

PFLEGE

Sobald die Alpenveilchen ihre beste Zeit hinter sich haben, ersetzt man sie durch andere Einjährige. Man kann auch vor dem Pflanzen der Alpenveilchen im Spätherbst Blumenzwiebeln setzen, die dann im Frühjahr blühen.

Dekorativer *Zierkohl*

Diese fabelhafte Schüssel ist der beste Beweis dafür, dass Gärten im Winter nicht grau und trist sein müssen – wenn es denn überhaupt eines solchen Beweises bedarf. Die leuchtenden Farben des Zierkohls und der nicht minder strahlenden Heidekräuter bringen während der kalten Monate Leben in jede düstere Ecke.

SIE BRAUCHEN:

Verzinkte Blechschüssel

Tonscherben

Topferde (Empfehlenswert ist Moorbeeterde. Viele Heidekräuter vertragen zwar alkalisches Substrat, doch *Calluna vulgaris* gedeiht nur in saurer Erde. Falls Sie nur herkömmliche Blumenerde haben, lassen Sie diese Pflanze weg.)

2 *Brassica oleracea* (Zierkohl)

1 *Artemisia* 'Powis Castle' (Beifuß)

1 *Erica × darleyensis* 'Kramer's Rote' (Englische Heide)

1 *Calluna vulgaris* 'Garden Girls' (Besenheide)

1 *Erica carnea* 'Gracilis' (Schnee-Heide)

1 Löcher in den Boden der Schüssel bohren oder schlagen, falls sie nicht schon welche hat (siehe Seite 26). Löcher mit Tonscherben abdecken, damit sie nicht von Topferde verstopft werden.

2 Die Schüssel zur Hälfte mit Topferde füllen. Erde einebnen.

PFLEGE

Diese Kombination braucht fast keine Pflege. Allerdings muss die Erde immer feucht bleiben. Reicht das Regenwasser nicht aus, muss man wässern. Wenn die Erde nicht austrocknet, begeistert das Arrangement den ganzen Winter lang mit seinem Feuerwerk an Farben. Wird es ungewöhnlich warm, können Schnecken über den Kohl herfallen. Sehen Sie hin und wieder nach, ob die Tiere an den Blattunterseiten sitzen.

3 Alle Pflanzen mit den Wurzelballen rund 20 Minuten in Wasser stellen. Zierkohl-Exemplare aus ihren Töpfen ziehen und an den vorderen Rand der Schüssel pflanzen. Etwas Abstand zwischen ihnen lassen.

4 Den Beifuß auf die gleiche Weise an den hinteren Rand pflanzen.

5 Die Heidekräuter aus ihren Töpfen holen und um den Zierkohl und den Beifuß herum einpflanzen. Dabei gleichmäßig in der Schüssel verteilen. Gegebenenfalls die Topfballen mit etwas Topferde unterpolstern, damit die Oberseiten aller Wurzelballen auf gleicher Höhe sitzen.

6 Die Lücken zwischen den Ballen mit einigen Handvoll Topferde auffüllen. Erde andrücken, damit die Pflanzen fest und sicher sitzen.

Clematis und *Palmkätzchen*

Dieses ovale Gefäß lässt sich in einen stilvollen Minigarten aus Fleischbeeren, winterblühenden Clematis und Palmkätzchenzweigen verwandeln. Unverzichtbar ist die Fleischbeere. Weil sie himmlisch duftet, postiert man das Gefäß am besten neben Türen. Eine winterliche Begegnung mit ihr ist immer ein Erlebnis.

SIE BRAUCHEN:

Fensterkasten aus Keramik
Tonscherben
Topferde
1 *Sarcococca confusa* (Fleischbeere)
1 *Clematis urophylla* 'Winter Beauty' (winterblühende Clematis, etwas schwer aufzutreiben und nicht winterhart, daher geschützt stellen)
8 Zweige von *Salix* (Palmkätzchen von Weiden)
Bast
Dekormoos

1 Ein paar Tonscherben über die Abzugslöcher im Gefäßboden legen, damit die Topferde sie nicht verstopft.

2 Gefäß zur Hälfte mit Topferde füllen. Oberfläche glatt streichen.

3 Wurzelballen der beiden Pflanzen mindestens 20 Minuten lang in Wasser einweichen, bis sie tropfnass sind. Fleischbeere aus dem Topf holen und Wurzelballen gegebenenfalls lockern. In der Mitte des Gefäßes platzieren.

4 Clematis aus dem Topf holen und neben die Fleischbeere stellen, sodass der Wurzelballen etwas tiefer sitzt als derjenige der Fleischbeere. Dazu eventuell etwas Topferde unterhalb des Ballens entfernen. Lücken zwischen den Pflanzen mit Topferde auffüllen. Wurzelballen der Clematis leicht mit Erde bedecken.

5 Mehr Topferde in das Gefäß füllen und festdrücken, damit die Pflanzen nicht wackeln.

6 Je vier Palmkätzchenzweige an den Enden des Gefäßes bis zum Gefäßboden in die Erde drücken.

PFLEGE

Die Fleischbeere ist eine zähe kleine Pflanze und steckt selbst größere Vernachlässigung weg. Die winterblühende Clematis dagegen braucht feuchtes, nicht nasses Substrat und einen geschützten Platz. Sie verträgt nur wenige Minusgrade und ist daher auf einer Fensterbank am besten aufgehoben. Wird sie langtriebig, schneidet man sie im Frühjahr nach der Blüte zurück und düngt im Frühjahr und Sommer.

7 Clematis sehr vorsichtig von der Stütze, mit der man sie gekauft hat, lösen und mit Bast an die Palmzweige binden. Die alte Stütze entsorgen.

8 Palmzweige oben zusammenführen und ein Stück unterhalb ihrer Enden mit Bast fest zusammenbinden. Die Enden der Bastschnur abschneiden. Topferde so mit Dekormoos bedecken, dass sie nicht mehr zu sehen ist.

Koniferenwäldchen

Im Garten mag kein Platz für eine Gruppe ausgewachsener Nadelgehölze sein, aber auch in einem Kasten macht ein Miniwäldchen mit Koniferen viel her. Stellen Sie Bäumchen unterschiedlicher Höhe und Färbung zusammen. Ideal ist ein Gefäß, in dem die Wurzeln Platz zum Ausbreiten haben. Dieser Metallkasten hat sogar Griffe und lässt sich daher bei Bedarf problemlos umsiedeln.

SIE BRAUCHEN:

Metallkasten

Hammer und Nagel

Tonscherben

Topferde

Eine Auswahl kleiner Koniferen. Ich habe hier je 1 Exemplar folgender Arten und Sorten verwendet: *Cupressus macrocarpa* 'Goldcrest' (Monterey-Zypresse), *Cryptomeria japonica* 'Vilmoriniana' (Japanische Sicheltanne), *Chamaecyparis lawsoniana* 'Pembury Blue' (Lawsons Scheinzypresse), *Cryptomeria japonica* 'Globosa Nana' (Japanische Sicheltanne), *Juniperus squamata* 'Blue Carpet' (Schuppen-Wacholder), *Juniperus communis* 'Depressed Star' (Heide-Wacholder) und *Cryptomeria japonica* 'Tilford Gold' (Japanische Sicheltanne)

1 Mit Hammer und Nagel ein paar Abzugslöcher gleichmäßig verteilt in den Boden des Kastens hineinschlagen, falls er noch keine hat.

2 Tonscherben auf die Löcher legen, damit sie nicht von Topferde verstopft werden können.

3 Topferde in den Kasten schaufeln. Kasten zur Hälfte füllen und Erde glatt streichen.

4 Wurzelballen aller Pflanzen etwa 20 Minuten in Wasser einweichen, sodass sie stark vollgesogen sind. Die Monterey-Zypresse aus dem Topf holen. Wurzeln wenn nötig etwas lockern und aus dem Ballen herausziehen. Zypresse an den hinteren Rand des Kastens pflanzen, dazu den Ballen leicht in die Topferde im Kasten drücken. Darauf achten, dass das Bäumchen gerade steht.

5 Die Japanische Sicheltanne 'Vilmoriniana' aus ihrem Topf holen und neben die Monterey-Zypresse pflanzen. Dabei so vorgehen wie bei der Monterey-Zypresse. Die Wurzelballen müssen auf gleicher Höhe sein.

6 Lawsons Scheinzypresse vor die Monterey-Zypresse pflanzen.

7 Die Japanische Sicheltanne 'Globosa Nana' aus dem Topf holen und in die rechte vordere Ecke des Kastens pflanzen.

8 Den Schuppen-Wacholder aus dem Topf holen und in die vordere linke Ecke setzen. Die letzten beiden Pflanzen in der Mitte des Kastens unterbringen. Mehr Topferde in den Kasten geben, um Lücken zu füllen und die Oberfläche zu ebnen. Erde andrücken, damit alle Pflanzen fest stehen.

PFLEGE

Der Kasten wird gleich nach dem Bepflanzen gut gewässert. Dann lässt man das Wasser ablaufen. Steht der Miniwald an einem Platz, an dem er keinen Regen abbekommt, muss er regelmäßig gegossen werden, damit die Erde gleichmäßig feucht bleibt. Er darf aber nicht übergossen werden. Stecken Sie gelegentlich den Finger in die Erde, um zu prüfen, ob sie feucht ist – nur am Aussehen der Pflanzen allein lässt sich nicht erkennen, ob sie Wasser brauchen. Düngen Sie ab dem zweiten Jahr nach dem Pflanzen, damit die Nadelgehölze gesund bleiben.

KONIFERENWÄLDCHEN **59**

Kapitel 2
Zwiebelblumen

Ein Glas *Hyazinthen*

Ich mag die Einfachheit dieser Hyazinthen. Man braucht nur Zwiebeln, Gläser und Wasser – und schon wird man mitten im Winter mit duftenden Blüten beschenkt. Aber bereits vorher sehen die Zwiebeln mit ihren gewundenen Wurzelsträngen im Glas ausgesprochen dekorativ aus. Verwenden Sie verschieden große Gläser. Ihr Hals sollte schmal sein, damit die Knollen nicht direkt im Wasser liegen.

SIE BRAUCHEN:

Gläser mit schmalem Hals
Hyazinthenzwiebeln zum Vortreiben
Zeitungs- oder Packpapier

1 Ein sauberes Glas bis knapp unter den Rand mit Wasser füllen. Den Rand sorgfältig abtrocknen, damit die Zwiebel nicht nass wird.

2 Hyazinthenzwiebel mit dem spitzen Ende nach oben auf den Glasrand legen. Sind bereits erste Wurzeln zu sehen, steckt man sie ins Glas, ohne sie zu verletzen. Berührt der Zwiebelboden das Wasser, nimmt man die Zwiebel noch einmal heraus und gießt etwas Wasser ab, da die Zwiebel sonst faulen kann.

3 Aus Papier eine Abdeckung für jede Zwiebel falten. Dazu ein etwa 25 × 35 cm großes Stück Papier in der Hälfte falten.

4 Die linke und rechte Ecke des oberen, geknickten Endes nach innen falten, sodass sich die Enden in der Mitte treffen, dann falzen.

5 Die unteren 2–3 cm der oben liegenden Lage am Rand nach oben falten und falzen. Ein zweites Mal genauso breit nach oben falten.

6 Bogen umdrehen und Schritt 5 für die andere Lage wiederholen.

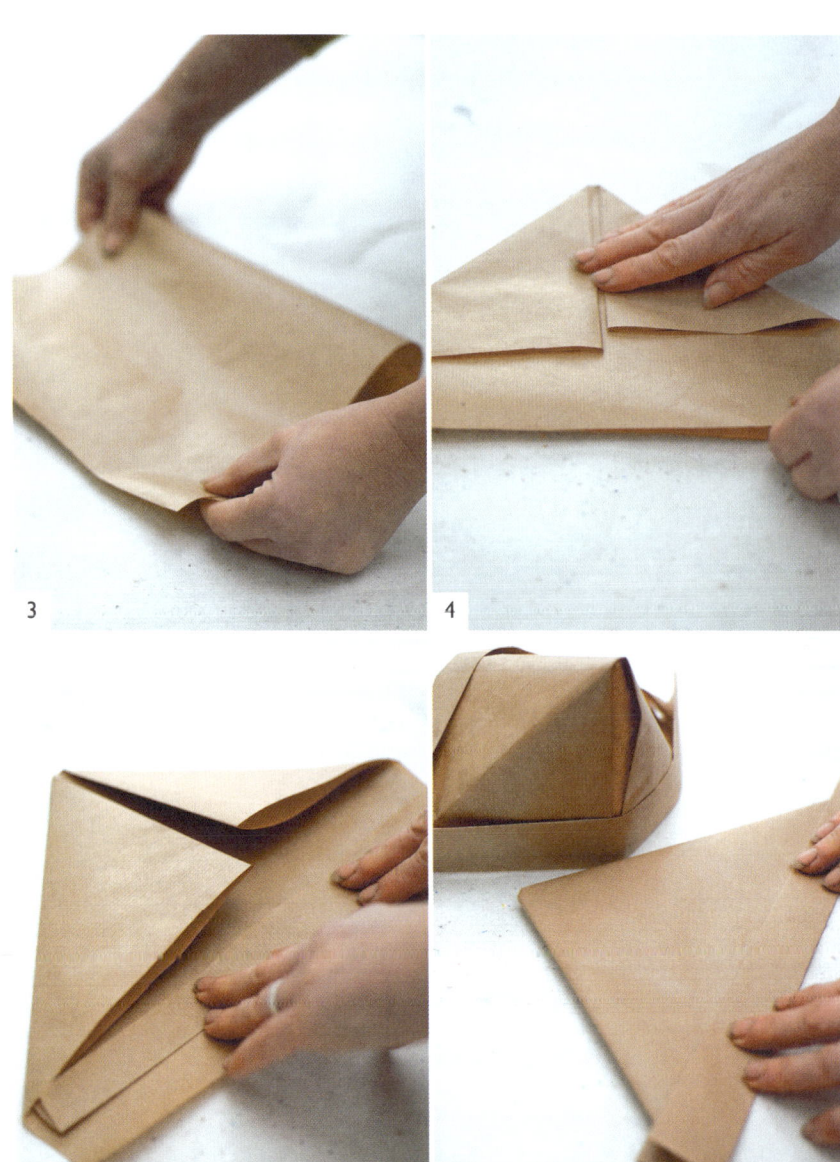

PFLEGE

Gelegentlich sollte man nachsehen, wie viel Wasser noch im Glas ist, und es bei Bedarf nachfüllen. Entwickelt sich das Laub schneller als die Blüte, stellen Sie die Zwiebeln noch einmal ein paar Tage an einen kühlen, dunklen Platz. Sobald die Hyazinthen verblüht sind, schneidet man den Blütenstand ab, lässt sie aber einige Wochen mit ihren Blättern stehen. Dann werden sie entweder an einen geschützten Platz ins Freiland gesetzt oder getrocknet und an einem kühlen Platz gelagert, um im nächsten Herbst wieder zum Einsatz zu kommen.

7 Papierhut unten etwas öffnen und auf die Zwiebel und das obere Ende des Glases setzen. Darauf achten, dass die Zwiebel nicht verrutscht. An einen dunklen, kühlen Platz stellen.

8 Zwiebeln nach einigen Wochen prüfen. Es sollten sich Wurzeln gebildet haben – wenn nicht, noch einige Zeit warten. Sobald die Zwiebeln Triebe bilden, an einen warmen, hellen Platz stellen und den Papierhut abnehmen. Nach einigen Wochen sollten die Hyazinthen blühen.

EIN GLAS HYAZINTHEN

Narzissen in der *Schale*

Ich sammle diese alten Vasen schon seit einigen Jahren. Mir gefallen ihre vielen Formen und Größen. Besonders gut kommen sie zur Geltung, wenn man sie zu Gruppen zusammenstellt. Im Winter sind sie ideale Pflanzgefäße für Zwiebelblumen. So bekommt man leuchtende, duftende Zimmergenossen, lange bevor sich Narzissen draußen die Ehre geben.

SIE BRAUCHEN:

Einige Vasen mit großer Öffnung

Kokoserde oder andere Zwiebelblumenerde

Narzissenzwiebeln für drinnen (Weihnachts-Narzissen)

Kiefernzapfen oder Moos

1 Eine Vase zur Hälfte mit Kokoserde füllen und leicht andrücken, um Lufteinschlüsse zu vermeiden. Zwiebeln mit dem spitzen Ende nach oben auf die Kokoserde legen und leicht in die Erde einarbeiten. In jede Vase mehrere Zwiebeln so stecken, dass dazwischen ein geringer Abstand bleibt.

2 Weitere Kokoserde einfüllen, bis nur noch die Spitzen der Zwiebeln aus der Erde ragen. Wässern, dabei nicht direkt auf die Zwiebeln gießen, sondern nur auf die Erde, die nur feucht, nicht aber nass sein darf. An einen warmen, hellen Platz stellen. Trocknet die Erde stark aus, noch einmal wässern. Nach 6–8 Wochen sollten die Zwiebeln blühen. Kokoserde eventuell mit Kiefernzapfen oder Moos kaschieren – aber erst, nachdem die Triebe schon eine gewisse Länge haben.

PFLEGE

Die Kokoserde muss regelmäßig geprüft und bei Bedarf gewässert werden. Blumenzwiebeln vertragen kein sehr nasses Substrat, gießen Sie also lieber ein bisschen weniger – vor allem auch, weil die Vasen kein Abzugsloch haben. Nach der Blüte kann man die Zwiebeln nach draußen in den Garten setzen, wo sie manchmal noch einmal blühen.

Silbergrau und *Lindgrün*

Drahtsträucher sind reizende Gewächse und wie geschaffen für Topfgärten. Ihre vielen zartgrünen Blätter zittern leicht im Wind und verleihen Vasen eine gewisse Eleganz. Zudem passen sie hervorragend zu lindgrünen Hyazinthen, die kurz vor der Blüte stehen. Der hier verwendete Schwarzfrüchtige Drahtstrauch verträgt problemlos Frost bis –15 °C, bevorzugt aber ein geschütztes Plätzchen.

1 Abzugsloch in der Schale mit Tonscherben bedecken, um Staunässe zu vermeiden. Hat das Gefäß keine Löcher, muss man sie mit Hammer und Nagel einschlagen (siehe Seite 26).

2 Topferde einfüllen und ein paar Handvoll Kies mit hineingeben, um die Durchlässigkeit des Substrats zu verbessern. Die Schale vorerst nur zur Hälfte mit Erde füllen. Die Drahtsträucher rund 20 Minuten lang in Wasser stellen, damit sich ihre Wurzelballen gut vollsaugen können.

SIE BRAUCHEN:

Metallschale oder -vase
Tonscherben
Topferde
Kies
7 *Muehlenbeckia axillaris* (Schwarzfrüchtiger Drahtstrauch)
3 *Hyacinthus orientalis* (Hyazinthe)

3 Hyazinthen aus den Töpfen holen und in die Mitte der Schale setzen.

4 Drahtsträucher aus den Töpfen holen und um die Hyazinthen herum gruppieren. Eventuell kleine Lücken zwischen den Pflanzen lassen, die sie mit ihren kriechenden Trieben rasch füllen.

5 Rund um die Pflanzen ein paar Handvoll Topferde streuen. Erde leicht andrücken, damit die Pflanzen festen Halt haben. Substrat wässern.

PFLEGE

Die Topferde sollte regelmäßig geprüft werden. Ist sie sehr trocken, muss man wässern. Mehr über die Behandlung der Hyazinthen nach der Blüte finden Sie auf Seite 64.

Amaryllis im *Topf*

Amaryllis gehören mit ihren riesigen, trompetenförmigen Blüten und den dicken Stängeln zu den prachtvollsten Winterblühern überhaupt. Selbst die Zwiebeln sind schon ein Hingucker – ihre bloße Größe lässt erahnen, was zu erwarten ist. Ich kombiniere sie gern mit Farnen, Moos und Rindenstücken.

SIE BRAUCHEN:

Amaryllis-Zwiebeln – hier habe ich die Sorten 'Royal Red' und 'Rozetta' verwendet

Gläser mit breitem Hals

15–20 cm breite Tontöpfe, die mindestens doppelt so tief sind wie eine Zwiebel hoch ist

Tonscherben

Kies

grober Sand oder Perlit

Topferde

Teller oder Schale

1 Die Wurzeln der Zwiebeln über Nacht in Wasser einweichen. Dazu je ein Glas mit lauwarmem Wasser füllen und die Zwiebel so auf den Glasrand setzen, dass die Wurzeln ins Wasser reichen, die Zwiebel aber trocken bleibt.

2 Das Abzugsloch jedes Topfs mit einer Tonscherbe bedecken und eine Lage Kies hineingeben, sodass der Boden damit bedeckt ist.

3 Eine Handvoll Sand oder Perlit unter die Topferde mischen, damit sie lockerer wird. Den Topf nur zum Teil damit befüllen. Die Zwiebel muss nachher so im Topf sitzen, dass das obere Ende aus der Erde herausragt.

4 Zwiebel in den Topf setzen, ohne die Wurzeln zu verletzen. Weitere Erde um die Zwiebel herum einfüllen.

5 Topf auf einen Teller oder in eine Schale stellen. Erde im Topf wässern, dabei möglichst kein Wasser direkt auf die Zwiebel gießen. Wasser ablaufen lassen.

6 Topf an einen warmen, hellen Platz stellen und regelmäßig wässern, aber darauf achten, dass sich keine Nässe staut. Die Zwiebel sollte bald austreiben. Wärme fördert die Blüte.

PFLEGE

Wenn Sie die Topferde stets leicht feucht halten und die Amaryllis während der Blüte an einen kühlen Platz stellen, verlängern Sie die Pracht. Nach der Blüte düngt man mit Flüssigdünger und lässt den Topf den Sommer über im Gewächshaus oder an einem geschützten Platz draußen stehen. Die Blätter werden im Frühherbst auf etwa 4 cm Länge zurückgeschnitten. Dann topft man die Zwiebel um oder ersetzt wenigstens die obere Hälfte der Erde und beginnt erneut mit der Kultur.

Blumen in *Metallformen*

Zwiebelblumen läuten das Frühjahr ein. Wer ihre Farben und Düfte aber noch früher genießen will, treibt sie drinnen vor. Mit dem Moos wird die Erde verdeckt.

SIE BRAUCHEN:

Alte Kuchen- oder Puddingformen aus Metall

Tonscherben

Kies

Kokos- oder Blumenerde

Zwiebeln von *Hyacinthus orientalis* (Hyazinthe)

Zwiebeln von *Crocus* 'Jeanne d'Arc' (Krokus)

Zwiebeln von *Muscari armeniacum* (Armenische Traubenhyazinthe)

Moos (bei Floristen erhältlich)

1 Falls die Formen keine Abzugslöcher haben, Kokoserde verwenden. Sind hingegen Abzugslöcher vorhanden, Tonscherben und eine 1–2 cm dicke Kies- oder Sandschicht auf den Boden geben. Die Gefäße für die Hyazinthen halb, die für kleinere Zwiebelpflanzen ganz füllen.

2 Hyazinthenzwiebeln auf die Erde legen und etwas Erde dazugeben, sodass nur noch die Zwiebelspitzen herausragen. Krokuszwiebeln 10 cm tief und Traubenhyazinthen 5 cm tief setzen, jeweils mit dem spitzen Ende der Zwiebel nach oben.

3 Wässern, aber die Erde nicht komplett einweichen. Etwa 12 Wochen an einen kühlen, dunklen Ort stellen und gelegentlich nachsehen, ob das Substrat nicht ausgetrocknet ist. Sobald die Triebe 1 cm aus der Erde ragen, ans Tageslicht stellen. Die Erde mit Moos kaschieren.

PFLEGE

Die Topf- bzw. Kokoserde muss leicht feucht gehalten werden, darf aber nicht nass sein. Stellen Sie die Formen an einen hellen Platz ohne Zugluft. Wenn die Zwiebeln zu einem bestimmten Zeitpunkt blühen sollen, wässert man etwas mehr und stellt sie an einen wärmeren Platz.

Schneeglöckchen-Terrine

Schneeglöckchen sind im winterlichen Garten stets ein willkommener Anblick. Ihre zarten Blüten durchstoßen die nackte Erde bereits, wenn sonst noch wenig zu sehen ist. Wer sie im Herbst drinnen pflanzt, kann die weißen Schönheiten schon Wochen, bevor ihre Gegenstücke im Garten zu sehen sind, genießen.

SIE BRAUCHEN:

Porzellanterrine
Grober oder feiner Kies
Topferde
Zwiebeln von *Galanthus nivalis* (Kleines Schneeglöckchen)
Moos oder Dekorkies

1 Ein paar Handvoll Kies in die Terrine streuen. Etwas Topferde darübergeben und mit dem Kies mischen. Terrine bis 5 cm unter den Rand füllen.

2 Zwiebeln in etwa 2 cm Abstand in die Topferde stecken, sodass die leicht spitz zulaufenden Enden nach oben zeigen.

3 Zwiebeln ganz mit Topferde bedecken und Terrine bis zum Rand mit Erde füllen. Moos oder Dekorkies auf der Oberfläche verteilen, sobald die Schneeglöckchen austreiben.

PFLEGE

Die Topferde wird behutsam gewässert. Sie soll feucht, aber nicht nass sein. Stellen Sie die Terrine anschließend an einen kühlen Platz und werfen Sie gelegentlich ein Auge darauf. Trocknet das Substrat zu stark aus, wässert man leicht. Nach der Blüte kann man die Zwiebeln neu eintopfen und bis zum nächsten Einsatz an einem kühlen, dunklen Platz lagern.

Boten des Frühlings

Alle Pflanzen in dieser Holzkiste sind ausgewiesene Wintergewächse. Trotzdem verbreiten sie mit ihrem lebendigen Lindgrün und den weißen Blüten frühlingshafte Frische. Ich habe für das Arrangement vorgetriebene Zwiebeln verwendet, man kann sie aber auch im Herbst pflanzen, sodass sie zum Winterende blühen.

SIE BRAUCHEN:

- Holzkiste
- Dicke schwarze Plastikfolie
- Tacker
- Topferde
- Kies
- 1 *Dryopteris filix-mas* (Gewöhnlicher Wurmfarn)
- 1 *Heuchera* 'Lime Marmalade' (Purpurglöckchen)
- 1 *Helleborus niger* 'Verboom Beauty' (Christrose)
- 1–2 Töpfe *Narcissus* (Narzisse) oder *Hyacinthus* (Hyazinthe)
- 1–2 Töpfe *Tulipa* 'Coquette' (Tulpe)

1 Holzkiste mit Plastikfolie ausschlagen, damit die Topferde nicht herausrieselt und das Holz nicht verrottet. Folie unter dem oberen Rand der Kiste nach unten falten, sodass man sie nicht sieht, und an die Innenseite der Kiste tackern.

2 Am Boden ein paar Löcher in die Folie stoßen, damit Wasser ablaufen kann. Den Boden mit einer Schicht Topferde bedecken, in die mehrere Schaufeln Kies gemischt wurden. Anschließend die Kiste zur Hälfte mit reiner Topferde füllen.

3 Wurzelballen des Farns, des Purpurglöckchens und der Christrose in Wasser einweichen (die Zwiebeln müssen nicht eingeweicht werden). Farn aus dem Topf nehmen und an den hinteren Rand der Kiste pflanzen.

4 Purpurglöckchen aus dem Topf holen und so in die Kiste stellen, dass die Blätter über den Rand der Kiste ragen.

5 Christrose aus dem Topf holen und an den vorderen Rand der Kiste pflanzen.

6 Narzissen oder Hyazinthen aus ihren Töpfen holen und in der Kiste verteilt pflanzen. Mehr Topferde einfüllen, damit die Pflanzen stabil sitzen.

7 Tulpen aus ihren Töpfen holen und mit ihnen Lücken füllen. Eventuelle Löcher im Substrat mit Topferde füllen. Oberfläche der Topferde so einebnen, dass alle Pflanzen fest in der Erde stehen.

PFLEGE

Wässern Sie die Kiste und lassen Sie dann das Wasser ablaufen. Die Zwiebeln blühen einige Wochen, wenn die Kiste draußen steht. Damit das Arrangement den ganzen Winter gut aussieht, fügt man immer wieder neue Zwiebeln hinzu und entfernt die verblühten. Diese kann man in den Garten pflanzen, wo sie im nächsten Jahr neu blühen.

Kapitel 3
Farbe im Winter

Beeren*auslese*

Im Winter wachsen Pflanzen kaum. Deshalb kann man einen Eimer mit allerlei Beeren und farbigen Laubschmuckgewächsen füllen, ohne Angst haben zu müssen, dass der Platz schon bald nicht mehr reicht. Wenn die Wachstumssaison beginnt, tut man zwar gut daran, ein paar Exemplare in separate Gefäße umzusiedeln. Aber im Winter kann man sie getrost in einen Topf pflanzen.

SIE BRAUCHEN:

Zinkeimer oder -topf

Zerbrochene Ziegel oder Tonscherben

Topferde

2 *Pyracantha* (Feuerdorn)

4 *Solanum pseudocapsicum* (Jerusalemkirsche, nicht winterhart)

4 *Sedum spathulifolium* 'Purpureum' (Colorado-Fetthenne)

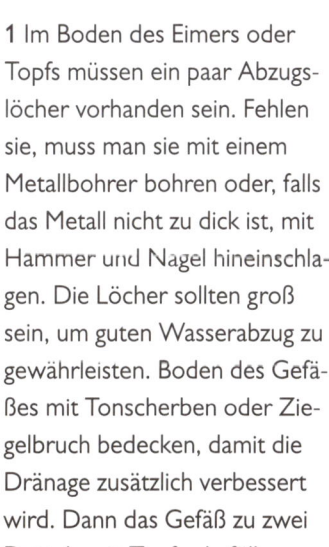

1 Im Boden des Eimers oder Topfs müssen ein paar Abzugslöcher vorhanden sein. Fehlen sie, muss man sie mit einem Metallbohrer bohren oder, falls das Metall nicht zu dick ist, mit Hammer und Nagel hineinschlagen. Die Löcher sollten groß sein, um guten Wasserabzug zu gewährleisten. Boden des Gefäßes mit Tonscherben oder Ziegelbruch bedecken, damit die Dränage zusätzlich verbessert wird. Dann das Gefäß zu zwei Dritteln mit Topferde füllen.

2 Die Wurzelballen aller Pflanzen mindestens 20 Minuten lang – größere Pflanzen eventuell länger – in Wasser einweichen, bis die Ballen vollgesogen sind. Den größeren Feuerdorn aus dem Topf holen, Wurzeln leicht lockern, damit sie von der Mitte wegwachsen, und die Pflanze an den hinteren Gefäßrand setzen. Mehr Topferde einfüllen, sodass die Pflanze fest sitzt. Kleinere Ballen eventuell mit etwas mehr Erde unterpolstern.

3 Den kleineren Feuerdorn aus dem Topf holen und auch seine Wurzeln lockern. So in das Gefäß setzen, dass die schönere Seite nach vorn zeigt. Mit Topferde stabilisieren.

4 Jerusalemkirschen aus den Töpfen holen und so am vorderen Gefäßrand verteilen, dass das Arrangement ausgewogen wirkt. Dann einpflanzen.

5 Die Fetthennen aus den Töpfen holen. Ebenfalls in den vorderen Bereich des Gefäßes pflanzen und dabei die Lücken zwischen den Jerusalemkirschen füllen. Falls nötig, auch die übrigen Lücken mit Erde füllen – allerdings dürfte das Gefäß inzwischen schon ziemlich voll sein.

6 Eventuell die Pflanzenstützen herausziehen, damit die Pflanzen etwas nach außen fallen und natürlicher aussehen. Gut wässern und das Wasser ablaufen lassen.

PFLEGE

Die Jerusalemkirsche ist nicht winterhart. Stellen Sie das Gefäß daher an einen gut geschützten, aber hellen Platz. Prüfen Sie gelegentlich, ob die Erde trocken ist, und wässern Sie, falls nötig.

Fenster-*Stiefmütterchen*

Dieses alte Metallgefäß wurde zu einem bezaubernden Fensterkasten umfunktioniert und mit farbenfrohen Stiefmütterchen besetzt, die wenig Erde brauchen. Kleine Farne bringen Abwechslung ins Spiel, während Dekormoos – ich mag es sehr und würde es am liebsten überall dabeihaben – die Erde kaschiert und Feuchtigkeit bewahrt.

SIE BRAUCHEN:

Fensterkasten aus Metall oder ein ähnliches Gefäß

Hammer und großer Nagel

Kies

Topferde

8 *Viola × wittrockiana* (Stiefmütterchen)

2 *Dryopteris erythrosora* 'Prolifica' (Rotschleier-Wurmfarn, braucht etwas Winterschutz)

Dekormoos (in Floristikshops erhältlich)

1 Der Kasten muss mit Abzugslöchern versehen sein. Sofern er noch keine hat, schlägt man mit Hammer und Nagel in gleichmäßigen Abständen Löcher hinein.

2 Den Boden des Kastens auf seiner ganzen Länge mit Kies bedecken und gleichmäßig verteilen. Das verhindert Staunässe.

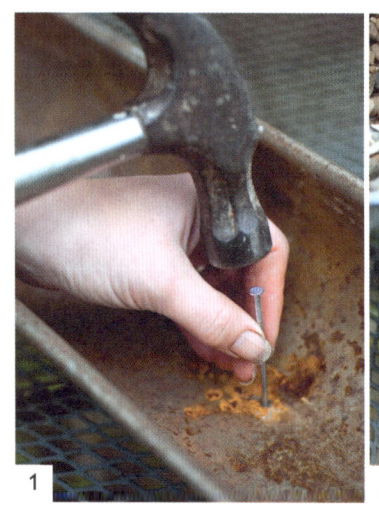

3 Den Kasten zur Hälfte mit Topferde füllen. Erde einebnen und leicht andrücken.

4 Stiefmütterchen und Farne rund 20 Minuten in Wasser einweichen, damit sich die Ballen gut mit Wasser vollsaugen. Ein Stiefmütterchen aus seinem Topf ziehen und an das eine Ende des Kastens pflanzen.

5 Nach und nach weitere Stiefmütterchen in einer Reihe relativ eng beieinander in den Kasten setzen.

6 Farne aus ihrem Topf ziehen, Wurzelballen leicht lockern, damit die Wurzeln nach außen wachsen, und zwischen die Stiefmütterchen setzen.

7 Noch etwas Topferde um die Pflanzen herum einfüllen und festdrücken, sodass die Pflanzen fest sitzen. Moosstückchen um die Pflanzen drapieren, sodass man die Topferde nicht mehr sieht.

 PFLEGE

Wässern Sie den Kasten und lassen Sie das Wasser ablaufen. Die Erde sollte gleichbleibend feucht sein, aber nicht zu nass. Prüfen Sie hin und wieder, ob gewässert werden muss. Fensterkästen stehen oft im Regenschatten und bekommen nicht viel Niederschläge ab, weshalb man sie mitunter zusätzlich gießen muss. Das Abzwicken welker Blüten fördert den ganzen Winter über die Bildung von neuem Flor.

FENSTER-STIEFMÜTTERCHEN

O Kannen*traum*

Ich mag die Farbe dieser alten Emaille-Kanne. Wahrscheinlich stammt sie von einem Bauernhof, ich habe aber keine Ahnung, wozu sie früher diente. Jedenfalls ist sie jetzt ein dekoratives Pflanzgefäß mit duftiger Bepflanzung und farbigen Akzenten.

SIE BRAUCHEN:

Großes Gefäß
Tonscherben
Steine o. Ä.
Topferde
1 *Euphorbia characias* 'Glacial Blue' (Palisaden-Wolfsmilch)
1 *Eucalyptus gunnii* (Mostgummi-Eukalyptus, nicht winterhart)
1 *Convolvulus cneorum*
1 *Festuca glauca* 'Intense Blue' (Blau-Schwingel)
2 *Cyclamen persicum* (Zimmer-Alpenveilchen, nicht winterhart)
1 *Hedera helix*, panaschiert (Gewöhnlicher Efeu)

1 Abzugslöcher im Boden des Gefäßes mit einigen Topfscherben abdecken. Hat der Boden keine Löcher, mit Hammer und Nagel welche hineinschlagen (siehe Seite 90).

2 Die Kanne ist sehr hoch, deshalb passt viel Topferde hinein. Man legt daher ein paar Ziegelbruchstücke, Steine oder etwas Ähnliches auf den Boden, um die benötigte Menge an Topferde zu verringern. Dies verbessert zudem die Dränage und verhindert Staunässe. Ein sehr gutes Füllmaterial sind auch Styroporstücke.

3 Kanne zu etwa zwei Dritteln mit Topferde füllen. Erde leicht andrücken, um Lufteinschlüsse zu beseitigen. Oberfläche mit der Hand glätten.

4 Die Wurzelballen aller Pflanzen etwa 20 Minuten in Wasser einweichen, damit sie komplett vollgesogen sind. Die Wolfsmilch aus dem Topf holen, ihre Wurzeln gegebenenfalls etwas lockern, damit sie sich ausbreiten können, und an den Topfrand pflanzen.

5 *Convolvulus* neben die Wolfsmilch pflanzen. Der Wurzelballen muss auf gleicher Höhe sein wie die Ballen der anderen Pflanzen.

6 Den Eukalyptus aus dem Topf holen und so an den Rand pflanzen, dass er aufrecht steht.

7 Den Blau-Schwingel teilen. Dazu Pflanze mit beiden Händen halten, die Daumen in die Mitte drücken und die beiden Hälften auseinanderziehen. Die beiden Teilstücke auf gegenüberliegenden Seiten an den Kannenrand pflanzen.

8 Alpenveilchen aus ihren Töpfen holen und an den vorderen Rand der Kanne pflanzen. Dabei die Blüten nicht verletzen.

9 Efeu aus dem Topf holen und ebenfalls an den vorderen Kannenrand pflanzen, sodass die Triebe über den Rand wachsen.

10 Lücken zwischen den Topfballen in der Kanne mit Topferde auffüllen und Oberfläche glatt streichen.

PFLEGE

Das Gefäß nach dem Pflanzen gut wässern und überschüssiges Wasser ablaufen lassen. Gelegentlich gießen. Die welken Blüten der Alpenveilchen zwickt man regelmäßig ab, um die Pflanzen zu weiterer Blüte anzuregen. Eukalyptus und Alpenveilchen sind nicht winterhart, daher muss das Arrangement frostfrei stehen.

Terrarium *im Krug*

Terrarien eignen sich ausgezeichnet dafür, ein Stück Natur in die Wohnung zu holen. Gerade Sukkulenten und Farne kultiviert man gern in solchen Miniwelten hinter Glas. In diesem oben offenen Krug sind allerdings auch Blüten mit von der Partie. Das Mikrogärtchen bringt Farbe und Flair in Ihr Heim.

SIE BRAUCHEN:

- Großer Glaskrug mit breiter Öffnung
- Kies
- Schöpfkelle
- Filterkohle (in Tier- bzw. Aquarienhandlungen zu bekommen)
- Topferde
- 1 *Helleborus niger* (Christrose)
- 1 *Viola × wittrockiana* (Stiefmütterchen)
- 1 *Humata tyermanii* (Bärenfußfarn, nicht winterhart)
- Dekormoos (bei Floristen erhältlich)
- Weicher Pinsel

1 Krug gründlich reinigen und trocknen lassen. Eine 2 cm dicke Lage Kies vorsichtig auf dem Boden des Krugs verteilen – aber möglichst nicht hineinschütten, sondern mit der Schöpfkelle hineinschaufeln, damit das Glas nicht bricht.

2 Den Kies komplett mit Filterkohle bedecken. Sie absorbiert Gerüche aus der Topferde und verhindert, dass das Terrarium irgendwann unangenehm zu riechen beginnt.

3 Topferde wässern, sodass sie leicht feucht ist, und vor dem Einfüllen eventuell Wasser ablaufen lassen. Eine etwa 5 cm dicke Schicht Erde mit der Schöpfkelle oder der Hand einfüllen, aber nicht hineinschütten, um nicht Kies, Kohle und Erde zu vermischen.

4 Christrose aus dem Topf holen und überschüssige Erde aus dem Wurzelballen entfernen. Eine Vertiefung in die Topferde im Krug graben und die Christrose hineinsetzen, dabei die Wurzeln etwas ausbreiten. Christrose einpflanzen. Gegebenenfalls noch etwas Erde um sie herum einfüllen, damit sie fest sitzt.

5 Stiefmütterchen aus dem Topf holen und im hinteren Bereich des Krugs neben die Christrose setzen.

6 Farn hinzufügen. Dazu wieder etwas Erde aus seinem Wurzelballen lösen und den Farn in den vorderen Bereich des Krugs setzen. Wenn nötig, Topferde hinzufügen, damit der Farn nicht kippen kann. Die Erde um alle drei Pflanzen festdrücken, sodass sie stabil stehen.

7 Das Moos in kleinere Stücke zertrennen und um die Pflanzen herum auf der Topferde verteilen. Die ganze Oberfläche muss bedeckt sein. Eventuell Lücken mit ganz kleinen Moosstückchen füllen.

8 Mit dem Pinsel die Innenseite des Krugs säubern und Erdreste von den Blättern und Blüten bürsten.

PFLEGE

Die Topferde muss feucht bleiben, darf aber nicht zu nass sein – prüfen Sie gelegentlich mit dem Finger, ob sich Staunässe gebildet hat, und passen Sie die Wassergaben entsprechend an. Das Terrarium wird am besten an einen hellen Platz gestellt. Wenn Sie welke Stiefmütterchenblüten immer gleich abzwicken, sollte die Pflanze wochen- oder sogar monatelang blühen. Aber auch das Laub allein ist recht dekorativ.

Weißer Wintertraum

Die Kombination aus einer Zwergfichte, den roten Beeren der Skimmie und den weißen Veilchen wirkt winterlich frisch. Die alte Emaille-Schüssel habe ich auf einem Flohmarkt aufgetrieben. Ich wusste, sie würde auf dem Boden neben der Eingangstür gut aussehen.

SIE BRAUCHEN:

Weiße Emaille-Schüssel

Tonscherben

Moorbeeterde

1 *Picea glauca* 'Conica' (Zuckerhut-Fichte, Zwergform)

1 *Skimmia japonica* subsp. *reevesiana* (Japanische Skimmie)

4 *Viola* (Veilchen)

Moos (in Floristikgeschäften erhältlich)

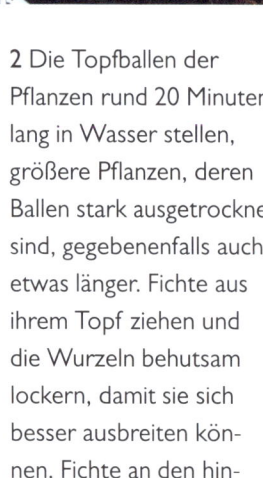

1 Die Schüssel hier hatte bereits Abzugslöcher. Falls sie noch mit Löchern versehen werden muss, nehmen Sie dazu einen großen Nagel und einen Hammer (siehe Seite 90). Löcher anschließend mit Tonscherben bedecken, damit sie nicht von der Erde verstopft werden. Die Schüssel zu etwa einem Drittel mit Erde füllen. Erde gleichmäßig verteilen.

2 Die Topfballen der Pflanzen rund 20 Minuten lang in Wasser stellen, größere Pflanzen, deren Ballen stark ausgetrocknet sind, gegebenenfalls auch etwas länger. Fichte aus ihrem Topf ziehen und die Wurzeln behutsam lockern, damit sie sich besser ausbreiten können. Fichte an den hinteren Rand der Schüssel pflanzen.

3 Die Skimmie neben die Fichte pflanzen. Die Veilchen aus ihren Töpfen holen und an den vorderen Rand der Schüssel pflanzen. Erde andrücken, damit die Pflanzen stabil stehen. Falls viel Erde zu sehen ist, zwischen den Pflanzen Moos verteilen. Man kann darauf aber auch verzichten, weil die Pflanzen irgendwann sowieso die gesamte Oberfläche bedecken.

PFLEGE

Die Skimmie kommt gut in Gefäßen zurecht. Bei der hier verwendeten Form müssen auch keine männlichen und weiblichen Pflanzen zusammen kultiviert werden, damit sich Beeren bilden. Skimmien und Zuckerhut-Fichten bevorzugen leicht saure Böden und gedeihen in Moorbeeterde besser. Im Winter reicht auch normale Blumenerde, im Frühjahr muss man die Pflanzen aber eventuell in Moorbeeterde umsetzen.

Alpenveilchen *in der Form*

Alpenveilchen sind eine Bereicherung winterlicher Arrangements. Ihre roten und rosa Blüten bringen ein Strahlen in die dunkelsten Tage des Jahres. Gartencenter bieten Züchtungen in unterschiedlichsten Farben an, sodass man sich eine Gruppe ähnlicher Tönungen zusammenstellen kann. Solche Kombinationen sind ein echter Blickfang, vor allem, wenn Efeu sie zusätzlich umrankt und optisch miteinander verbindet. Zudem wurde hier ein altes Topfregal in ein vertikales »Biotop« verwandelt.

SIE BRAUCHEN:

Alte Kuchenformen oder Töpfe
Nagel
Hammer
Tonscherben
Topferde
Kies
Cyclamen persicum (Zimmer-Alpenveilchen, nicht winterhart)
Hedera helix (Gewöhnlicher Efeu)

1 Mit dem Hammer und Nagel Löcher in die Formen schlagen, damit das Wasser ablaufen kann. Mindestens sechs Löcher gleichmäßig verteilen.

2 Ein paar Tonscherben über die Löcher legen, damit die Topferde sie nicht verstopfen kann.

3 Die Form zur Hälfte mit Topferde und mit ein paar Handvoll Kies füllen. Die Erde gleichmäßig verteilen.

4 Die Topfballen der Alpenveilchen und des Efeus rund 20 Minuten in Wasser einweichen. Die Alpenveilchen aus dem Topf ziehen und den Wurzelballen etwas lockern, ohne die Wurzeln allzu sehr zu stören. Alpenveilchen in die Form stellen. Den Efeu ebenfalls aus dem Topf nehmen und in die Form stellen.

5 Mehr Topferde um die Pflanzen herum in die Form füllen und andrücken, damit die Pflanzen fest stehen. Alle Formen bzw. Töpfe auf diese Weise bepflanzen.

PFLEGE

Die Topferde muss feucht bleiben, darf aber nicht dauerhaft nass sein, sonst faulen die Alpenveilchen leicht und blühen nicht. Zwicken Sie welke Blüten immer gleich ab, damit die Alpenveilchen möglichst lange blühen.

Ein Hauch von *Pink und Grün*

Die Metallkiste habe ich in einem Secondhandmarkt aufgetrieben – sie war eine echte Entdeckung. Durch Bepflanzung mit Gewächsen in verhaltenen Tönen entstand ein finessenreiches Ensemble. Christrosen sind in vielerlei Farben erhältlich. Diese Form mit zartrosa und cremeweißen Blüten sieht monatelang gut aus.

SIE BRAUCHEN:

Gefäß
Hammer und großer Nagel
Tonscherben
Topferde
1 *Helleborus* × *ballardiae* oder *H.* × *ericsmithii* 'Maestro' (Christrosen)
1 *Euphorbia* 'Despina' (Wolfsmilch)
1 *Woodwardia unigemmata*
1 *Hebe* 'Heartbreaker' (Strauchveronika, nicht winterhart)
1 *Leucothoe* 'Scarletta' (Traubenheide)
1 *Hedera helix* (Gewöhnlicher Efeu)

1 Mit Hammer und Nagel oder, falls der Boden sehr dick ist, mit einem passenden Bohrer Abzugslöcher in den Boden des Gefäßes schlagen bzw. bohren, falls nicht schon welche vorhanden sind.

2 Tonscherben über die Abzugslöcher legen, damit sich keine Staunässe im Topf bildet und das Wasser ablaufen kann.

3 Das Gefäß zur Hälfte mit Topferde füllen. Die Erde gleichmäßig verteilen und dafür sorgen, dass sich keine Lufteinschlüsse bilden.

4 Den Wurzelballen der Pflanzen mindestens 20 Minuten lang in Wasser stellen, bis er gut durchgeweicht ist. Die Christrose aus dem Topf ziehen und ihre Wurzeln etwas lockern, damit sie sich leichter ausbreiten können. An den hinteren Gefäßrand pflanzen und mit etwas zusätzlicher Topferde fixieren, damit die Pflanze nicht umfällt.

5 Die Wolfsmilch aus dem Topf holen und die Wurzeln lockern, dabei aber darauf achten, dass sie nicht verletzt werden. Neben die Christrose pflanzen. Mit ein paar Handvoll Topferde für festen Stand sorgen.

6 Den Farn aus dem Topf holen, Wurzeln gegebenenfalls vorsichtig nach außen ziehen, falls der Ballen sehr stark verdichtet ist. Farn neben die Wolfsmilch pflanzen.

7 Die Strauchveronika an den vorderen Rand pflanzen – ebenfalls vorher die Wurzeln etwas lockern. Mit ein, zwei Handvoll Topferde gut im Substrat verankern.

9 Ein Efeu am vordersten Rand lässt das Arrangement verspielter wirken und macht es abwechslungsreicher. Den Efeu wie die übrigen Pflanzen einsetzen und die hängenden Triebe über den Rand des Gefäßes drapieren. Um die Pflanzen herum noch etwas Topferde verteilen und glätten.

8 Die Traubenheide wie die übrigen Gewächse an den vorderen Rand pflanzen.

PFLEGE

Wässern Sie das Gefäß und lassen Sie überschüssiges Wasser ablaufen. Die Pflanzen sollten im Winter nur gegossen werden, wenn es einmal längere Zeit sehr trocken und warm ist. Die Strauchveronika und die Wolfsmilch brauchen bei Frost einen Schutz.

EIN HAUCH VON PINK UND GRÜN

Weihnachtlicher *Stern*

Ein einzelner Weihnachtsstern sieht mitunter etwas verloren aus. Stellt man aber mehrere Exemplare in Töpfen zusammen, erziehlt man eine sehr schöne Wirkung.

SIE BRAUCHEN:

Töpfe

Tonscherben

Grober Sand oder feiner Kies

Topferde

Euphorbia pulcherrima (Weihnachtsstern, Zimmerpflanze)

1 Auf den Boden jedes Topfs eine Tonscherbe legen, um das Abzugsloch abzudecken. Sand bzw. Kies und Topferde im Verhältnis 1 : 3 mischen, um die Durchlässigkeit des Substrats zu verbessern. Den Topf zum Teil mit dem Mix füllen.

2 Weihnachtsstern so in den Topf setzen, dass sich die Oberfläche des Ballens knapp unter dem Topfrand befindet. Eventuell mehr Topferde um den Ballen herum einfüllen, damit die Pflanze fest steht. Oberfläche nivellieren. Wässern.

PFLEGE

Prüfen Sie ab und zu, ob die Topferde noch feucht ist. Gegossen werden sollte erst, wenn sich die Oberfläche trocken anfühlt. Versuchen Sie den Ballen konstant feucht zu halten, statt ihn hin und wieder stark zu gießen. Monatlich ein Flüssigdünger in der vom Hersteller empfohlenen Dosis sorgt dafür, dass die Weihnachtssterne ihre schöne Farbe behalten. An einem hellen, frostfreien Platz ohne Zug bereiten die Pflanzen monatelang Freude.

Kühler Kasten

Ein Fensterkasten mit Pflanzen in blassen Grün- und Weißtönen sieht den ganzen Winter über gut aus. Allerdings ist keine der beteiligten Arten völlig winterhart, am wenigsten die Stacheldrahtpflanze. Geben Sie dem Kasten daher am besten einen Platz in einem Wintergarten oder Vorbau, wo er von Frösten verschont bleibt.

SIE BRAUCHEN:

Lackierte Holzkiste mit Löchern im Boden

Tonscherben

Topferde

1 *Dorycnium hirsutum* 'Little Boy Blue' (Behaarter Backenklee)

1 *Convolvulus cneorum*

1 *Artemisia* 'Powis Castle' (Beifuß)

2 *Leucophyta brownii* (Stacheldrahtpflanze)

2 *Cyclamen persicum* (Zimmer-Alpenveilchen)

1 Pflanzen 20 Minuten lang mit dem Wurzelballen in Wasser stellen, bis der Ballen sich mit Wasser vollgesogen hat. Auf den Boden des Kastens eine Lage Tonscherben geben und ihn zur Hälfte mit Topferde befüllen. Oberfläche nivellieren. Den Backenklee in die hintere linke Ecke, *Convolvulus* in die Mitte und den Beifuß nach rechts hinten pflanzen.

2 Die beiden Stacheldrahtpflanzen in die vorderen Ecken, die beiden Alpenveilchen in den verbliebenen Platz setzen. Mehr Topferde um die Pflanzen einfüllen, festdrücken und wässern.

PFLEGE

Die Topferde sollte leicht feucht bleiben, darf aber nicht staunass werden. Da das Arrangement unterm Dach stehen muss, ist regelmäßiges Wässern wichtig. Welke Blüten der Alpenveilchen zwickt man sofort ab.

Schwarz-Grün-*Gold*

Dieser schwarze Topf wird bestens ergänzt durch pflanzliche Bewohner in kräftigen Farben. Der goldgrüne Klebsamen setzt einen Kontrapunkt zur gelben Weide, dem schwarzen Gras und dem lindgrünen Purpurglöckchen. Ein modernes Ensemble!

SIE BRAUCHEN:

Großer, hoher schwarzer Topf
Große Tonscherben
Styropor
Topferde
1 *Salix alba* 'Golden Ness' (Silber-Weide)
1 *Pittosporum tenuifolium* 'Warnham Gold' (Schmalblättriger Klebsame, nicht winterhart)
1 *Heuchera* 'Lime Marmalade' (Purpurglöckchen)
1 *Carex comans* 'Bronze' (Neuseeland-Segge)
1 *Ophiopogon planiscapus* 'Nigrescens' (Schwarzer Schlangenbart)
Bast

1 Abzugsloch im Topf mit ein paar großen Tonscherben abdecken, damit das Wasser gut ablaufen kann. Da der Topf recht hoch ist, Styroporstücke hineinlegen, um Topferde zu sparen und den Topf zu isolieren.

2 Auf die Tonscherben und Styroporstücke Topferde geben. Darauf achten, dass keine Lufteinschlüsse bleiben. Topf zu etwa drei Vierteln mit Erde füllen.

3 Wurzelballen aller Pflanzen etwa 20 Minuten lang in Wasser stellen, damit sie sich komplett vollsaugen. Die Weide aus ihrem Topf ziehen und in die Mitte des Topfs pflanzen. Unter ihrem Ballen je nach Bedarf so viel Erde wegnehmen oder hinzufügen, dass sich die Oberfläche des Wurzelballens rund 2 cm unterhalb des Topfrands befindet.

4 Den Klebsamen aus dem Topf nehmen und hinter die Weide pflanzen. Wurzelballen genauso tief pflanzen wie den der Weide.

5 Purpurglöckchen aus dem Topf holen und vor die Weide pflanzen. Die Erde festdrücken, damit es stabil steht. Die Blätter sollen sich über den Topfrand neigen.

6 Die Segge aus dem Topf ziehen und so in den Topf setzen, dass ihre Halme über den Topfrand hinausragen.

7 Zum Schluss den Schlangenbart an den vorderen Topfrand pflanzen. Den Wurzelballen wenn nötig mit den Fingern etwas auseinanderziehen. Bei Bedarf noch Topferde in den Topf füllen und die Oberfläche nivellieren.

8 Einen besonderen Effekt erreicht man, wenn man die Weidenruten mit etwas Bast oben zusammenbindet. Sobald die Weide aber auszutreiben beginnt, löst man den Knoten wieder.

PFLEGE

Weil einige Exoten im Team sind, sollte man den Topf unter einen Vorbau, in den Wintergarten oder in einen frostfreien Durchgang stellen. Ansonsten reicht es, die Pflanzen gelegentlich zu wässern.

Emaille-Turm

Dieser Turm ist schnell errichtet und präsentiert einfache Winterpflanzen in bestem Licht. Ich habe alte emaillierte Kochtöpfe verwendet, doch kann man genauso gut Ton- oder Keramiktöpfe nehmen. Haben Narzissen und Stiefmütterchen ihre beste Zeit hinter sich, ersetzt man sie durch andere Blüher der Saison.

SIE BRAUCHEN:

3 Emaille-Töpfe
Hammer und Nagel
2 Pflanztöpfe
Tonscherben
Topferde mit Sand oder Kies als Dränagematerial
3 *Erica cinerea* fo. *aureifolia* 'Windlebrooke' (Graue Heide)
6 *Viola* 'Red Blotch' (Stiefmütterchen)
6 *Viola* 'Raspberry' (Stiefmütterchen)
3 *Hedera helix* (Efeu)
3 *Muehlenbeckia axillaris* (Schwarzfrüchtiger Drahtstrauch)
1 *Pteris ensiformis* 'Evergemiensis' (Schwertblättriger Saumfarn, nicht winterhart)
2–3 Töpfe *Narcissus* (Narzissen)
Primula (Primeln)

1 Emaille-Töpfe mit Abzugslöchern versehen, falls sie nicht bereits welche haben. Dazu mit Hammer und Nagel mehrere gleichmäßig verteilte Löcher in den Boden schlagen (bei sehr dicken Topfböden einen Bohrer verwenden).

2 Einen der Pflanztöpfe umgedreht in die Mitte des größten Emaille-Topfs stellen. Tonscherben über die Abzugslöcher des Emaille-Topfs legen – so verhindert man, dass Topferde den Abzug verstopft.

3 Emaille-Topf so mit Erde befüllen, dass der umgedrehte Pflanztopf in der Mitte stehen bleibt und die Oberfläche der Erde mit dem Boden des Pflanztopfs abschließt. Erde andrücken und gegebenenfalls nachfüllen.

4 Den mittleren Emaille-Topf auf die Erde und den umgedrehten Topf stellen (beim Bepflanzen des untersten Topfs schiebt man ihn kurz zur Seite). Der umgedrehte Pflanztopf trägt ihn und verhindert, dass er in die Erde einsinkt.

5 Wurzelballen aller Pflanzen eine Weile in Wasser stellen, bis sie sich vollgesogen haben. Einige Pflanzen aus ihren Töpfen ziehen und an den Rand des untersten Emaille-Topfs pflanzen. Dann den zweiten Topf daraufstellen und weitere Pflanzen um den Rand herum einsetzen.

6 Beim zweiten Topf genauso verfahren: Den umgedrehten Pflanztopf in die Mitte stellen, Tonscherben hineingeben und mit Erde befüllen. Den kleinsten Emaille-Topf daraufstellen.

7 Wieder mehrere Pflanzen an den Rand des mittleren Emaille-Topf pflanzen. Den obersten Topf dazu gegebenenfalls beiseite schieben.

FARBE IM WINTER

8 Tonscherben in den obersten Emaille-Topf legen und mit Topferde füllen. Die Narzissen hineinpflanzen und die Erde gut festdrücken, damit die Narzissen einen festen, geraden Stand haben.

9 Den Efeu in den obersten Emaille-Topf pflanzen und so drapieren, dass die Triebe über die Etagen nach unten fallen. Zum Schluss die Stiefmütterchen hinzufügen.

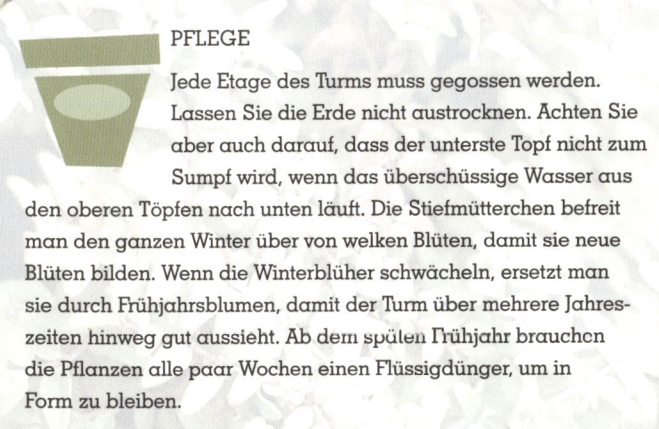

PFLEGE

Jede Etage des Turms muss gegossen werden. Lassen Sie die Erde nicht austrocknen. Achten Sie aber auch darauf, dass der unterste Topf nicht zum Sumpf wird, wenn das überschüssige Wasser aus den oberen Töpfen nach unten läuft. Die Stiefmütterchen befreit man den ganzen Winter über von welken Blüten, damit sie neue Blüten bilden. Wenn die Winterblüher schwächeln, ersetzt man sie durch Frühjahrsblumen, damit der Turm über mehrere Jahreszeiten hinweg gut aussieht. Ab dem späten Frühjahr brauchen die Pflanzen alle paar Wochen einen Flüssigdünger, um in Form zu bleiben.

Torwächter

Stechpalmen und rote Beeren sind ein typischer Winterschmuck. Hier bilden sie mit Heidekräutern und Efeu eine pflegeleichte Kombination aus robusten Pflanzenschönheiten. Die Beeren setzen Farbtupfer und werden vom hellen Topf betont.

1 Der hier verwendete Topf hat viele Löcher. Sie sind dekorativ und lassen zugleich das Wasser ablaufen. Um zu verhindern, dass Topferde aus den Löchern rieselt, schlägt man den Topf mit Moos aus. Moossoden an die Innenseite des Topfs legen und den Topf nach und nach bis zur Hälfte mit Topferde auffüllen. Erde dabei immer wieder gegen das Moos drücken. Lufteinschlüsse vermeiden.

2 Ballen der Pflanzen rund 20 Minuten in Wasser einweichen. Die Torfmyrte vorsichtig aus dem Topf ziehen (sie sticht!), Wurzeln eventuell lockern und in den Topf setzen. Wurzelballen der Stechpalme lockern und neben die Torfmyrte setzen. Topferde nachfüllen, sodass die Ballen auf gleicher Höhe sind. Die Heide und den Efeu genauso einpflanzen. Ein paar Handvoll Topferde nachfüllen, um Lücken zu schließen. Dann wässern.

SIE BRAUCHEN:

Großer Pflanztopf

Moos (im Floristikhandel erhältlich)

Topferde, vermischt mit etwas Kies zur Verbesserung der Durchlässigkeit

1 *Gaultheria mucronata* (Torfmyrte)

1 *Ilex aquifolium* 'Argentea Marginata' (Gewöhnliche Stechpalme)

1 *Erica × darleyensis* 'Kramer's Rote' (Englische Heide)

1 *Hedera helix* (Efeu)

PFLEGE

Normalerweise braucht der Topf im Winter nicht gegossen werden. Steht er allerdings unter einem Dach, sollte man das Substrat gelegentlich prüfen und bei Bedarf wässern.

Kapitel 4
Winterernte

Mangold und *Ampfer*

Mangold ist ein sehr dekoratives Wintergemüse. Man kombiniert ihn mit Wiesenknopf, rot geädertem Blut-Ampfer und Stiefmütterchen zu einem ebenso hübschen wie nützlichen Ensemble. Ausgesät wird im Frühherbst, geerntet im Winter.

SIE BRAUCHEN:

Saatschale
Topferde
Samen von *Beta vulgaris* subsp. *vulgaris* (Mangold)
Emaille-Schüssel
Tonscherben

Kies
1 *Sanguisorba minor* (Kleiner Wiesenknopf)
1 *Rumex sanguineus* (Blut-Ampfer)
5 *Viola* × *wittrockiana* (Stiefmütterchen)

1 Saatschale mit Topferde füllen, idealerweise gesiebt, um Klumpen zu vermeiden. Samen im Abstand von 7–10 cm aussäen und mit etwas Erde abdecken. Wässern und an einen warmen, zugfreien Platz stellen.

2 Sobald die Sämlinge 5–6 Blättchen haben, können sie umgepflanzt werden. Abzugslöcher in der Schüssel mit Tonscherben abdecken und Topferde, gemischt mit ein paar Handvoll Kies, in die Schüssel geben. Löcher in die Erde drücken und einige Sämlinge darin so einpflanzen, dass ihre untersten Blätter knapp über dem Boden sitzen.

3 Die Topfballen von Wiesenknopf und Ampfer 10 Minuten in Wasser einweichen. Um die Mangoldsämlinge herum pflanzen. Die Stiefmütterchen dazwischensetzen. Gefäß wässern und an einen warmen Platz stellen.

PFLEGE

Die Topferde sollte stets feucht bleiben. Ampfer und Wiesenknopf kann man bei Bedarf ernten. Da sie im Winter aber je nach Standort kaum wachsen, sollte man sie sparsam verwenden. Mangold erntet man, sobald er reif ist – die Lücke kann man mit Kräutern füllen. Verwelkte Stiefmütterchenblüten abzwicken, um die Blühdauer zu verlängern.

Kräuter in der *Schale*

Ein Arsenal an Kräutern, die im Winter griffbereit am Fenster stehen, ist für Hobbyköche unerlässlich. Etwas mehr Leben bringt man in das Grün, wenn man es mit nicht essbaren Pflanzen wie Greiskraut und ein paar Narzissen aufpeppt. Nehmen Sie die Narzissenzwiebeln nach dem Verblühen auf und pflanzen Sie alle an einen geschützten Platz im Garten. Dort werden sie Ihnen im Jahr darauf wieder viel Freude bereiten.

SIE BRAUCHEN:

Keramikschale

Tonscherben

Topferde

1 *Rosmarinus officinalis* (Rosmarin)

1 *Salvia officinalis* (Salbei)

1 *Laurus nobilis* (Lorbeer)

1 *Senecio cineraria* (Silber-Greiskraut)

2 Töpfe *Narcissus* (Narzissen)

Achtung: Narzissen und Silber-Greiskraut sind nicht zum Verzehr geeignet

1 Abzugslöcher in der Schale mit ein paar Tonscherben abdecken, damit sie nicht verstopfen.

2 Die Schale zur Hälfte mit Topferde füllen und die Oberfläche nivellieren.

3 Wurzelballen der Pflanzen etwa 20 Minuten in Wasser einweichen (ausgenommen die Narzissen). Rosmarin aus dem Topf ziehen und die Wurzeln mit den Fingern lockern, falls der Ballen dicht durchwurzelt ist. Pflanze in die Schale stellen und leicht in die Topferde drücken, damit sie aufrecht steht.

4 Salbei aus dem Topf ziehen und genauso in die Schale pflanzen wie den Rosmarin.

5 Lorbeer und Greiskraut einpflanzen. Auch sie etwas in die Topferde drücken, sodass die Oberfläche ihrer Wurzelballen 2–3 cm unterhalb des Schalenrands sitzt.

6 Um die Pflanzen noch etwas Topferde einfüllen, damit sie guten Halt haben.

7 Die Narzissen aus ihren Töpfen holen. Hinter den Kräutern mit der Hand ein Loch in die Topferde graben und die Zwiebeln behutsam hineinsetzen. Dabei etwas in die Erde drücken, sodass sie aufrecht stehen. Topferde auffüllen und andrücken.

PFLEGE

Die Erde in der Schale sollte gleichbleibend feucht, aber nie nass sein. Rosmarin, Salbei und Lorbeer kann man den Winter über ernten, aber je nachdem, wie kühl der Standort ist, wachsen sie nicht so stark wie im Sommer. Holen Sie die Narzissen nach der Blüte heraus, zwicken Sie die welken Blüten ab und setzen Sie sie ins Freiland. Sobald die Kräuter im Frühjahr richtig wachsen, füllen sie die Schale gut aus.

KRÄUTER IN DER SCHALE

Kohl und *Kräuter*

Kohl schmeckt nicht nur gut, er hat auch einen hohen Zierwert. Säen Sie ihn im Spätsommer aus, damit er Zeit hat heranzureifen. Man kann ihn aber auch als Pflänzchen kaufen und direkt in das Gefäß setzen.

1

1 Topferde feinkrümelig sieben und in die Saatschale füllen. Oberfläche nivellieren. Kohlsamen mit mindestens 1 cm Abstand auf der Oberfläche verteilen. Mit einer dünnen Schicht Erde abdecken und wässern. Schale an einen warmen, geschützten Platz stellen. Erde immer feucht halten, aber nie zu nass werden lassen.

2 Sobald die Sämlinge 5–6 Blättchen haben, können sie umgepflanzt werden. Abzugslöcher in der Schüssel mit Tonscherben abdecken, ein paar Handvoll Kies auf dem Boden der Schüssel verteilen, um die Durchlässigkeit zu verbessern. Topferde einfüllen. Löcher in die Topferde drücken. Ein paar Sämlinge vorsichtig aus der Saatschale holen und mit den Wurzeln in die Löcher stecken. Wasser in das Loch gießen und die Topferde um die Sämlinge leicht festdrücken.

2

3 Die Wurzelballen von Salbei und Thymian ca. 10 Minuten in Wasser einweichen, dann neben den Sämlingen in die Schüssel pflanzen. Genug Platz lassen, da der Kohl noch stark wächst. Wässern und Wasser ablaufen lassen.

3

SIE BRAUCHEN:

Topferde
Saatschale
Kohlsamen
Verzinkte Blechschüssel
Tonscherben
Kies
1 *Salvia officinalis* 'Purpurascens' (Salbei)
1 *Thymus serpyllum* (Sand-Thymian)

PFLEGE

Stellen Sie die Schüssel an einen warmen Platz und wässern Sie bei Bedarf. Der Kohl ist winterhart, die Kräuter allerdings brauchen einen sehr gut geschützten Platz. Man kann den Kohl ganz ernten oder nur einzelne Blättchen abzupfen.

Immergrüner *Lorbeer*

Lorbeerbäumchen in Gefäßen sind eine Bereicherung für jeden Garten. Besonders gut machen sie sich neben Eingangs- und Gartentüren. Dieses Exemplar im großen Tonkübel wird mit Narzissen, Iris, Primeln und Efeu unterpflanzt. Ein paar Zweige als Dekor sorgen für Abwechslung und stützen die Blüten.

SIE BRAUCHEN:

- Großer Tontopf
- Luftpolsterfolie
- Tonscherben
- Topferde, vermischt mit ein paar Schaufeln Kies, um die Dränage zu verbessern
- 1 *Laurus nobilis* (Lorbeer)
- 2 *Hedera helix* (Efeu, panaschierte Formen)
- 8 *Primula* (Primel)
- 1 *Iris reticulata* 'Alida' (Netzblatt-Iris)
- 2 Töpfe Narzissen
- Zweige

1 Wände des Topfs als Isolierung mit Luftpolsterfolie ausschlagen, den Boden aber freilassen. Abzugsloch mit Tonscherben bedecken.

2 Die Wurzelballen der Pflanzen mindestens 20 Minuten in Wasser stellen. Beim Bäumchen kann es länger dauern, bis der Ballen komplett vollgesogen ist. Den Topf zur Hälfte mit Topferde füllen. Den Baum in die Topfmitte pflanzen, dabei die Wurzeln so gut wie möglich ausbreiten. Die Oberseite des Ballens muss mindestens 5 cm unterhalb des Topfrands sitzen. Gegebenenfalls mehr Topferde dazugeben.

3 Noch mehr Topferde in den Topf füllen und festdrücken, sodass der Baum gerade steht und nicht wackelt.

4 Efeupflanzen aus den Töpfen holen. An beiden vorderen Ecken des Gefäßes ein Loch in die Topferde graben und die beiden Efeupflanzen dort einsetzen. Erde um sie herum andrücken, damit sie stabil und fest sitzen.

5 Die Primeln gleichmäßig verteilt einsetzen, aber einige Lücken für die Iris und die Narzissen lassen. Topferde um die Primeln andrücken. Dabei darauf achten, dass die Blüten nicht mit Erde verschmutzt werden. Blüten vorsichtig behandeln, denn sie sind empfindlich.

6 Iris und Narzissen pflanzen. Die Narzissen so tief pflanzen, dass sie nicht umfallen. Gegebenenfalls weitere Topferde dazugeben, um Lücken zu füllen. Einige Zweige als Dekor und Stütze für die Narzissen in die Erde stecken.

PFLEGE

Die Topferde sollte feucht gehalten werden, sie darf jedoch nicht zu nass sein, da sonst die Wurzeln der Pflanzen faulen. Lorbeerbäume vertragen nur leichten Frost und müssen deshalb an einen geschützten Platz gestellt werden. Mit der Topfkultur kommen sie jedoch gut zurecht. Vom Frühjahr bis zum Spätherbst müssen sie mit Langzeitdünger versorgt werden. Nach ein paar Jahren ist ein Umtopfen ratsam. Lorbeer harmoniert gut mit Tontöpfen. Allerdings ist Ton anfällig für Frostschäden, wenn er draußen steht. Dagegen hilft das Ausschlagen des Topfs mit Luftpolsterfolie oder Styropor etwas. Sinnvoll ist außerdem das Einwickeln des Topfs bei Frost.

Wintersalat

Im Winter frischen Salat parat zu haben ist ein echtes Highlight der kalten Jahreszeit. Mit dieser Zusammenstellung können Sie mehrere Monate lang Schmackhaftes ernten. Kaufen Sie Samen von Formen, die für die Winterkultur geeignet sind. Allerdings darf der Salat trotzdem nicht zu kalt stehen.

SIE BRAUCHEN:

- Kästen in mehreren Ebenen (oder ähnliche Konstruktionen)
- Schwarze Folie oder Plastiksäcke
- Tacker
- Topferde
- Blattsalatsamen, für die Winterkultur geeignet
- Sprühflasche

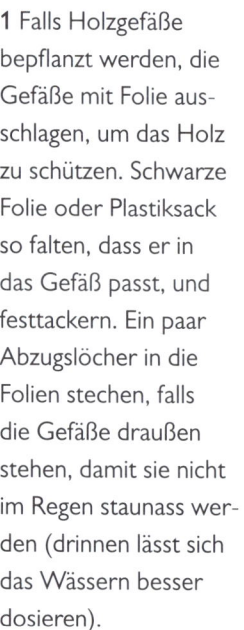

1 Falls Holzgefäße bepflanzt werden, die Gefäße mit Folie ausschlagen, um das Holz zu schützen. Schwarze Folie oder Plastiksack so falten, dass er in das Gefäß passt, und festtackern. Ein paar Abzugslöcher in die Folien stechen, falls die Gefäße draußen stehen, damit sie nicht im Regen staunass werden (drinnen lässt sich das Wässern besser dosieren).

2 Topferde sieben, um Klumpen zu vermeiden. Pflanzgefäße mit der Erde füllen und Oberfläche glatt streichen. Die übrigen Kisten genauso vorbereiten. Die Samen in die Hand schütten und auf der Topferde verteilen. Mit einer dünnen Schicht Topferde bedecken und zurückhaltend wässern.

3 Nach etwa einer Woche sollten die Samen keimen. Mit einer Sprühflasche wässern, da die Sämlinge durch Gießen mit einer Gießkanne umgeworfen werden können.

PFLEGE

Sobald die Samen keimen, dünnt man sie aus, indem man einige einfach herauszupft, damit die restlichen mehr Platz zum Wachsen haben. Die herausgezupften Exemplare muss man nicht wegwerfen – man kann sie als Salat verwerten. Blattsalat muss sehr geschützt stehen. An warmen Wintertagen, die immer häufiger werden, kann man ihn ins Freie stellen, ansonsten aber braucht er einen Wintergarten oder ein Gewächshaus.

Register

Abzugslöcher 8, 9, 10–11
Amaryllis 72–75
Ampel-Fetthenne 16
Ampfer 128
Androsace sempervivoides 38
Anemanthele lessoniana 26
Armenische Traubenhyazinthe 76
Artemisia
　A. 'Powis Castle' 48, 114
　A. *vulgaris* 'Oriental Limelight' 21
Asplenium
　A. *scolopendrium* 'Angustifolia' 22
　A. *trichomanes* 22

Bärenfußfarn 98
Bäume
　Koniferen 30, 33, 56–59, 102
　Lorbeer 130, 136–139
　Mostgummi-Eukalyptus 94
　Unterpflanzung 46–47
　Weide 52, 116
Beeren 13, 86–9, 102–103, 125
Behaarter Backenklee 114
Beifuß 21, 48, 114
Besenheide 48
Beta vulgaris subsp. *vulgaris* 128
Blau-Schwingel 94
Blut-Ampfer 128
Brassica oleracea 48
Braunstieliger Streifenfarn 22
Bubiköpfchen 30

Calluna vulgaris 'Garden Girls' 48
Carex comans 26, 116
Chamaecyparis lawsoniana 'Pembury Blue' 57
Chiastophyllum oppositifolium 38
Christrose 81, 98, 109
Clematis urophylla 'Winter Beauty' 52

Colorado-Mauerpfeffer 16
Convolvulus cneorum 94, 114
Crocus 'Jeanne Arc' 76
Cryptomeria japonica
　'Globosa Nana' 57
　'Tilford Gold' 57
　'Vilmoriniana' 57
Cyclamen persicum 46, 94, 104–107, 114
Cypressus macrocarpa 'Goldencrest' 57

Dekormoos 30, 33, 52, 90
Delosperma congestum 'Golden Nugget' 38
Dorycnium hirsutus 'Little Boy' 114
Dryopteris
　D. *erythrosora* 'Prolifica' 21, 90
　D. *felix-mas* 22, 34, 81
Düngen 11

Echeveria
　E. 'Magic Red' 16
　E. *runyonii* 'Topsy turvy' 16
Echtes Fiederpolster 21
Efeu, Gewöhnlicher 21, 42, 105, 109, 120, 125
　panaschiert 94, 136
Einpflanzen 10, 11
Englische Heide 48, 125
Erica
　E. *carnea* 'Gracilis' 48
　E. *cinerea* 'Windlebrooke' 120
　E. × *darleyensis* 'Kramer's Rote' 48, 125
Eucalyptus gunnii 94
Euphorbia
　E. *amygdaloides* 'Ruby Glow' 34
　E. *characias* 'Gracial Blue' 94
　E. 'Despina' 109
　E. *myrsinites* 16
　E. *pulcherrima* 113

Farne 13
　Bärenfußfarn 98
　Braunstieliger Streifenfarn 22
　Gewöhnlicher Wurmfarn 22, 34, 81
　Hirschzungenfarn 22
　Kretischer Saumfarn 22
　Rotschleier-Wurmfarn 21, 90
　Schwertblättriger Saumfarn 120
Feingliedriger Moosfarn 22
Fensterkasten 52–55, 90–93, 114–115, 130–133
Festuca glauca 'Intense Blue' 94
Feuerdorn 87
Fleischbeere 52
Frost 18, 29, 139

Galanthus nivalis 78–79
Gaultheria mucronata 125
Gefäße 8–9
Gemüse 13, 128, 134, 140
Gewöhnlicher Beifuß 21
Gewöhnlicher Wurmfarn 22, 34, 81
Glänzende Heckenkirsche 21, 34
Gläser 62–65, 98–101
Gräser 13
　Afrikanisches Lampenputzergras 26
　Blau-Schwingel 94
　Neuseeland-Segge 26, 116
　Rückschnitt 29
　Schwarzer Schlangenbart 116
Graue Heide 120
Grundlagen 8–11

Hängegefäße 20–21, 42–44
Hebe 'Heartbreaker' 109
Hedera helix 21, 42, 94, 105, 109, 120, 125, 136
Heide-Wacholder 57
Heidekräuter 48, 120, 125

Helleborus
　H. *niger* 81, 98
　H. × *ballardiae* 109
　H. × *ericsmithii* 'Maestro' 109
Heuchera
　H. 'Lime Marmalade' 81, 116
　H. 'Marmalade' 26, 42
　H. 'Obsidian' 34
× *Heucherella*
　'Brunishes Bronze' 42
　'Copper Cascade' 42
　'Gold Cascade' 42
　'Sweet Tea' 42
Hirschzungenfarn 22
Holz 80–83, 114, 140–141
Humata tyermanii 98
Hyazinthen 62–65, 68–71, 76–77

Ilex aquifolium 'Argentea Marginata' 125
Iris reticulata 'Alida' 136
Isolieren von Gefäßen 9

Japanische Sicheltanne 57
Jerusalemkirsche 87
Jovibarba
　J. *globifera* subsp. *hirta* 38
　J. *heuffelii* 38
Juniperus
　J. *communis* 'Depressed Star' 57
　J. *squamata* 'Blue Carpet' 57

Keramik/Porzellan 52, 66–67, 78, 113, 116, 130
Kies
　Dekorkies 18, 78
　Verbesserung des Wasserabzugs 16, 68, 73, 76, 90
Kirsche
　Blüten- 46
　Jerusalem- 87
Kleiner Wiesenknopf 128

Kohl 48–51, 134–135
Kokoserde 10, 66, 76
Koniferen 30, 33, 56, 102
Korallenmoos 30
Kranz aus Sukkulenten 38–41
Kretischer Saumfarn 22
Krokus 76
Kräuter 13, 128, 130, 135, 136

Laufende Pflege 11, 29
Laurus nobilis 130, 136
Lawsons Scheinzypresse 57
Leptinella squalida 'Platt's Black' 21
Leucophyta brownii 114
Leucothoe 'Scarletta' 109
Lewisia tweedyi 38
Lonicera nitida 'Baggesen's Gold' 21, 34
Lorbeerbaum 130, 136

Mandelblättrige Wolfsmilch 34
Mangold 128
März-Kirsche 46
Metallgefäße
 Eimer 86–89
 Formen 76–77
 Kanne 94
 Kasten 56–59, 90–93
 Kiste 26–29, 30–33, 109
 Kuchenformen 105
 Puddingformen 76–77
 Schale 68–71
 Schiene 20–21
 Schüssel 48, 102, 128, 135
 Topf 120
 Vase 68–71
Monterey-Zypresse 57
Moorbeeterde 10, 48, 102
Moos
 Dekormoos 30, 33, 52, 90
 als Mulch 98, 102, 125
 im Kranz 38
 mit Zwiebeln 73, 76, 78

Mostgummi-Eukalyptus 94
Muehlenbeckia axillaris 42, 68, 120
Muscari armeniacum 76

Narzissen 66–67, 120, 130, 136
Nertera granadensis 30
Netzblatt-Iris 136

Ophiopogon planiscapus 'Nigrescens' 116

Palisaden-Wolfsmilch 94
Palmkätzchen 52
Pennisetum x *advena* 'Rubrum' 26
Pflanzenauswahl 9–10, 12–13
Picea glauca 'Conica' 30, 33, 102
Pittosporum tenuifolium 'Warnham Gold' 116
Primula (Primel) 120, 136
Prunus incisa 'Kojo-no-mai' 46
Pteris cretica 'Rowerii' 22
Pteris ensiformis 'Evergemiensis' 120
Purpurglöckchen 26, 34, 42, 116
Pyracantha 87

Rhodiola pachyclados 38
Rosmarinus officinalis (Rosmarin) 130
Rotschleier-Wurmfarn 21, 90
Rumex sanguineus 128

Salbei 130, 135
Salix
 S. alba 'Golden Ness' 116
 Zweige 52
Sand-Thymian 135
Silber-Weide 116
Salvia officinalis 130, 135

Sanguisorba minor 128
Sarcococca confusa 52
Saxifraga cotyledon 'Southside Seedling' 38
Scharfer Mauerpfeffer 16
Schmalblättriger Klebsame 116
Schneeglöckchen, Kleines 78–79
Schnee-Heide 48
Schuppen-Wacholder 57
Schwarzer Schlangenbart 116
Schwarzfrüchtiger Drahtstrauch 42, 68, 120
Schwertblättriger Saumfarn 120
Sedum
 S. acre 'Golden Queen' 38
 S. acre 'Minus' 16
 S. album 38
 S. cyaneum 'Sachalin' 38
 S. oregonense 16
 S. rubrotinctum 16
 S. spathulifolium 'Purpureum' 16, 87
Selaginella kraussiana 'Gold Tips' 22
Sempervivum 'Fuego' 38
Senecio cineraria 46, 130
Silber-Greiskraut 46, 130
Silberblatt 114
Skimmia
 S. japonica 'Rubella' 34
 S. japonica subsp. *reevesiana* 102
Solanum pseudocapsicum 87
Soleirolia soleirolii 30
Standort von Gefäßen 9
Stechpalme, Gewöhnliche 125
Stiefmütterchen 90, 98, 102, 120, 128
Strauchveronika 109
Styropor 22, 94, 116
Substrat 10–11
Sukkulenten 16–19, 38–41

Terrarium 98–101
Terrine 78–9
Topferde 10–11
Torfmyrte 125
Traubenheide 109
Tulpen 81

Vase 34–37, 68–71
Veilchen 102, 120
Viola 102
 V. 'Raspberry' 120
 V. x *wittrockiana* 90, 98, 128

Wacholder 57
Walzen-Wolfsmilch 16
Wässern 11
Weide 52
 Palmkätzchen 52
 Silber-Weide 116
Weihnachtsstern 112–113
Wintersalat 140–141
Wolfsmilch
 Mandelblättrige 34
 Palisaden- 94
 Walzen- 16
Woodwardia unigemmata 22, 109
Wurzeln lockern 10

Zierkohl 48
Zimmer-Alpenveilchen 46, 94, 104–107, 114
Zuckerhut-Fichte 30, 33, 102
Zwiebeln 13
 Amaryllis 72–75
 Hyazinthen 62–65, 68, 76–77
 Narzissen 66, 81, 130, 136
 Pflege 11, 64, 67, 74
 Schneeglöckchen 78–79
 Tulpen 46, 81
 Zimmerkultur 10, 62, 66

Bezugsquellen

PFLANZEN/ GARTENBEDARF

Bakker
Kremerbergweg 1
22926 Ahrensburg
Für Deutschland:
Tel.: +49 (0)4102/49 91 11
www.bakker-holland.de
Für Österreich und die Schweiz:
www.bakker.at
www.bakker.ch
Pflanzen, Saatgut, Gartenbedarf

Lubera
Für Deutschland und Österreich:
Lubera GmbH
Im Vieh 8
26160 Bad Zwischenahn
Tel.: +49 (0)4403/984 75 90
www.lubera.de
www.lubera.at
Für die Schweiz:
Lubera AG
Lagerstrasse
9470 Buchs SG
Tel.: +41 (0)81/756 30 33
Pflanzen, Gartenartikel

Schlüter
Bahnhofstraße 5
25335 Bokholt-Hanredder
Deutschland
Tel.: +49 (0)4123/20 21
www.garten-schlueter.de
Pflanzen, Gartengeräte, Zubehör

Gärtner Pötschke
Beuthener Straße 4
41564 Kaarst
Deutschland
Tel.: +49 (0)1805/86 11 00
www.poetschke.de
Pflanzen, Werkzeug, Gefäße und anderes Zubehör

Baldur-Garten
Elbinger Straße 12
64625 Bensheim
Deutschland
Tel.: +49 (0)1805/1035-11
www.baldur-garten.de
Pflanzen, Samen

Dehner
Donauwörther Str. 3–5
86641 Rain
Deutschland
Tel.: + 49 (0)9090/770
www.dehner.de
Pflanzen, Gartenzubehör

Flora Toskana
Schillerstraße 25
89278 Nersingen
Deutschland
Tel.: +49 (0)7308/92 833-87
www.flora-toskana.de
Pflanzen

PFLANZGEFÄSSE

Villaterra
Parkstraße 10
19300 Grabow
Deutschland
Tel.: +49 (0)38756/284 85
www.villaterra.de
Historische Pflanzgefäße

Country Garden
Marienberger Straße 10
56470 Bad Marienberg
Deutschland
Tel.: +49 (0)2661/940 52 43
www.country-garden.de
Pflanztöpfe, Hängekörbe, Wandkörbe, Übertöpfe im Vintage-Stil

Pflanzkübel direkt
ambico GmbH
Deutschordenstraße 38
73463 Westhausen
Deutschland
Tel.: +49 (0)7363/409 90 01
www.pflanzkuebel-direkt.de
Gefäße aller Art

Henschke Keramik
Hofstetten 1
84326 Falkenberg
Deutschland
Tel.: +49 (0)8727/14 74
www.henschke-keramik.de
Pflanzgefäße aus Keramik

Gartentraum.de
Traditionelles Kunsthandwerk
Bauhausstraße 6
99423 Weimar
Deutschland
Tel.: +49 (0)3641/478 75 10
Gartendekor und Pflanzgefäße, vor allem auch aus England

Atelier Vierkant
Sint-Jorisstraat 88a
8730 Beernem
Belgien
Tel.: +32 (0)50/37 00 56
www.ateliervierkant.be
Tontöpfe

Garten-Passion
Sangenweg 20
64589 Stockstadt
Deutschland
Tel.: +49 (0)6158/609 26 34
www.garten-passion.de
Pflanzgefäße und Gartendekor aus Metall, vieles im Vintage-Stil

Dank

Ein großer, von ganzem Herzen kommender Dank geht an Debbie Patterson für ihre wunderschönen Fotografien, ihre Ausdauer, Energie und ihren Humor in allen Wetterlagen, ihre schönen Requisiten und die unzähligen Tassen Tee und Kekse, mit denen sie mich versorgt hat. Ich danke ferner Gillian Haslam für das Lektorat und den Rat, Luana Gobbo für die herrliche Gestaltung des Buchs und die gekonnte Verwendung meiner Lieblingsbilder, Fahema Khanam für die Recherchen, das Buchen von Fotolocations und dafür, dass sie stets ruhig und verständnisvoll geblieben ist, wenn nichts mehr weiterging, sowie Anna Galkina für ihre wertvolle Unterstützung. Dank auch an Apta für die schönen Fensterkästen und Tontöpfe. Alison Simcock und Tim Brown danke ich, weil sie mir das Spülbecken großzügigerweise zur Verfügung gestellt haben und sich auch von der Logistik und dem Transport nicht abschrecken ließen. Ein ganz großes Dankeschön geht auch an Cindy Richards von Cico Books. Schließlich danke ich euch, Laurie, Gracie und Betty – für alles.